Elvio Lunghi

La basilique de Saint-François à Assise

SCALA

© 1996 SCALA Group S.p.A.
Antella (Florence)

Conception graphique : Anthony Mathews

Traduction : Laura Meijer

Photographies : Archives photographiques SCALA
(M. Falsini, M. Sarri), à l'exception de : p. 8, 9, 13
(G. Barone) ; p. 51 et 131 (E. Ciol) ; p. 67 (F. Todini)
Les photos des pages 190-192 ont généreusement été
concédées par Paola Passalacqua qui à également fourni
des informations utiles sur les interventions de
restauration

Impression : Arti Grafiche " Stampa Nazionale "
Calenzano (Florence), 2001

En couverture : Giotto, Les Diables chassés d'Arezzo
Dos de couverture : Giotto, Le Songe d'Innocent III

Sommaire

- 6   Frère Francesco
- 8   La construction de l'église
- 16   Les premières représentations peintes
- 20   Les fresques de l'église inférieure
- 23   Les vitraux de l'église supérieure
- 26   Les premières décorations peintes de l'église supérieure
- 28   Cimabue à Assise
- 45   Les premières transformations dans l'église inférieure
- 48   La nef de l'église supérieure
- 62   Les fresques de la "Légende de saint François"
- 100   La construction des chapelles de l'église inférieure
- 102   La décoration de la chapelle de Saint Nicolas
- 106   Le renouveau du cycle de décorations de l'église inférieure
- 114   Giotto : les "Episodes de l'enfance du Christ" et les voutains
- 130   Pietro Lorenzetti : les "Episodes de la Passion"
- 148   Giotto : la chapelle de Sainte Marie Madeleine
- 154   Simone Martini : la chapelle de Saint Martin
- 184   Le déclin d'Assise
- 189   Les restaurations de l'église
- 193   Bibliographie essentielle
- 195   Index des artistes

Frère François

"François était originaire d'Assise, dans la vallée de Spolète. Il naquit en 1182, durant une absence de son père, et sa mère lui donna pour nom Jean; mais lorsque son père rentra de voyage il commença à appeler son fils François. Lorsque celui-ci fut devenu un jeune homme doté d'une vive intelligence, il entreprit la profession de son père, à savoir le commerce des étoffes, mais d'une manière entièrement différente. François était tellement plus gai et généreux, il aimait bien vivre et chanter, et nuit et jour flânait dans les rues d'Assise avec une bande d'amis, dépensant en agapes et en distractions tout l'argent qu'il parvenait à se procurer. (...) Un jour, alors qu'il passait près de l'église San Damiano, il eut l'impulsion d'y entrer et commença à prier avec ardeur devant le Crucifix, qui lui parla avec une bonté émouvante: "François, ne vois-tu pas que ma demeure est en ruines? Va, et restaure-la". Tremblant et stupéfait, il répondit: "Je le ferai volontiers, Seigneur". (*Légende des trois compagnons*, I, 2).

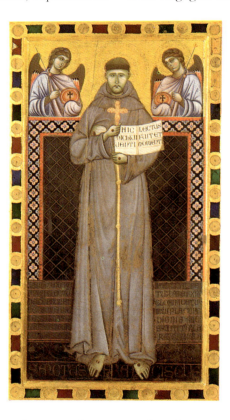

François prit à la lettre l'exhortation du Christ et mit la main à sa bourse, offrant de l'argent au prêtre qui s'occupait de l'église afin qu'il se procurât une lampe et de l'huile à faire brûler sous l'image sacrée. Peu après, le fils du marchand abandonna la maison paternelle et entreprit une vie de pénitence; vêtu de l'habit des ermites, il se consacra à la restauration de petites églises croulantes, conformément à un usage courant à cette époque. Il parcourait les rues de la ville, mendiant les pierres nécessaires aux travaux. Il disait "Celui qui me donnera une pierre aura une récompense; celui qui me donnera deux pierres, deux récompenses; et trois pierres, autant de récompenses". Après avoir réparé l'église San Damiano, François continua sa vie de pénitent dans la pauvre chapelle de Sainte Marie de la Portioncule. C'était une dépendance rurale de l'abbaye Saint Benoît, sur le mont Subasio. François en mena à bien la restauration au cours de la troisième année de sa conversion.

"Mais un jour, alors qu'il écoutait la messe, il entendit les instructions que donnait le Christ tandis qu'il envoyait ses disciples prêcher: à savoir qu'ils ne devaient emporter avec eux ni or, ni argent, ni pain, ni bâton, ni souliers, ni vêtements de rechange. Il comprit mieux ces consignes lorsqu'il se fit expliquer ce passage par le prêtre. Alors, rayonnant de joie, il s'exclama: "C'est exactement ce que j'aspire à réaliser de toutes mes forces!" (*Légende des trois compagnons*, VIII, 25). Ayant quitté son habit d'ermite, il se confectionna avec une grossière étoffe une tunique coupée en forme de croix, serrée à la taille par une cordelière, et commença à prêcher l'Evangile avec simplicité. Bien vite il fut rejoint à la Portioncule par les premiers compagnons attirés par une règle de vie basée sur la pauvreté, la chasteté et l'obéissance à l'Eglise, selon les indications de l'Evangile. Comme sa communauté grandissait, François se rendit à Rome pour obtenir le consentement (*placet*) du pape. L'Eglise était alors engagée dans une dure répression des croyances hérétiques répandues parmi les laïques, et elle avait interdit la constitution de nouveaux ordres religieux en dehors de la règle de saint Benoît. Le pape Innocent III n'en autorisa pas moins François à prêcher la pénitence. Ayant obtenu l'approbation papale, le mouvement se développa extraordinairement et la nouveauté de son mode de vie impressionna l'évêque Jacques de Vitry, qui en 1216 se trouvait à Pérouse: "J'ai pourtant trouvé dans ces régions une chose qui a été une grande consolation: des personnes des deux sexes, riches et laïques, se dépouillant pour le Christ de tous leurs biens terrestres, abandonnent le monde. Il s'appellent *frères mineurs* et *sœurs mineures*, et le pape et les cardinaux les tiennent en haute considération.

Ils ne se mêlent nullement des affaires temporelles mais, avec un désir fervent et un engagement impétueux, se donnent chaque jour du mal pour arracher aux vanités mondaines les âmes sur le point de couler et les attirer dans leurs rangs. Et, par la grâce de Dieu, ils ont déjà produit de grands fruits et beaucoup y ont gagné, de sorte que ceux qui les écoutent invitent d'autres à le faire.

Ils vivent selon les préceptes de l'Eglise primitive, dont il est écrit que "la multitude des croyants n'était qu'un seul cœur et qu'une seule âme". Pendant la journée ils entrent dans les villes et les villages, se prodiguant activement pour gagner au Seigneur d'autres disciples; la nuit, ils retournent dans leurs ermitages ou dans quelque autre lieu solitaire pour se livrer à la contemplation.

En revanche, les femmes demeurent ensemble dans des hospices peu éloignés de la ville, et n'acceptent pas de dons mais vivent de leur propre travail. Et elles éprouvent un grand regret et quelque trouble de se voir honorées plus qu'elles ne le voudraient par les religieux et les laïques" (Jacques de Vitry, *Première lettre*).

Page 6: "Maître de Saint François", Saint François, Musée de la basilique Santa Maria degli Angeli. Ancien portrait peint sur une planche que le saint utilisait comme lit et au-dessus de laquelle fut déposé son corps. Autrefois exposée dans la chapelle renfermant le corps du saint, cette icône présentait aux fidèles le mystère des stigmates.

Chapelle de la Portioncule, basilique Santa Maria degli Angeli. Elle fut choisie par saint François au centre de la vallée de Spolète comme siège de la petite communauté de pénitents appelés "frères mineurs". Par la suite elle fut englobée dans la grande basilique du XVIᵉ siècle.

François mourut à la Portioncule le soir du 3 octobre 1226. Depuis deux ans déjà il portait aux mains, aux pieds et sur le flanc les signes mystérieux des stigmates reçus sur le mont Alverne après la vision d'un séraphin. Aussi longtemps qu'il vécut, le saint cacha jalousement ces cicatrices, découvertes après sa mort par son disciple préféré, Elie, qui de 1221 à 1227 avait été son ami personnel et son vicaire: "Et maintenant je vous annonce une grande joie, un miracle extraordinaire. Jamais au monde l'on a entendu semblable prodige, excepté chez le Fils du Christ, Notre Seigneur. Quelque temps avant sa mort, notre frère et notre père est apparu crucifié, portant sur son corps les cinq plaies qui étaient véritablement les stigmates du Christ. Ses mains et ses pieds étaient transpercés de part en part comme par des clous, et présentaient des cicatrices de la couleur noire des clous. Son flanc semblait percé par une lance et il en sortait souvent des gouttes de sang. De son vivant il avait un air effacé et son visage était sans beauté: il n'était aucun de ses membres qui ne fût martyrisé. Ses membres étaient rigides en raison de la contraction des nerfs, comme c'est le cas des corps morts. Mais après sa mort son visage devint splendide, resplendissant d'une blancheur admirable, une consolation pour les yeux. Ses membres, tout d'abord rigides, devinrent flexibles et souples, et se laissaient manier comme ceux d'un tendre adolescent" (lettre de frère Elie).

Le matin suivant, une grande foule se rendit à Assise avec tout le clergé, préleva le corps et le transporta avec de grands honneurs à travers la ville ... Lorsqu'il passa devant San Damiano, le cortège s'arrêta un instant pour l'ultime salut de Claire – fondatrice de l'ordre des Pauvres Dames, religieuses de l'ordre de saint François – et, enfin arrivé à son but, le cercueil fut enseveli dans l'église San Giorgio, juste en dehors de l'enceinte de murs, où fut par la suite construit le monastère Santa Chiara. La tombe de François fit d'emblée l'objet d'une intense dévotion populaire suscitée par l'annonce des premiers miracles.

"Sa sainteté le pape Grégoire (IX), après avoir consulté les cardinaux et nombre d'autres prélats et approuvé les rapports sur les prodiges accomplis par le Seigneur par l'intercession de François, ajouta le nom de ce dernier dans le catalogue des saints vénérés par l'Eglise, ordonnant que sa fête fût célébrée le jour de l'anniversaire de sa mort. La cérémonie de canonisation eut lieu à Assise, en présence de nombreux dignitaires de l'Eglise, d'une représentation nourrie de princes et de barons et d'une multitude immense de gens du peuple arrivés de différents lieux et que le pape avait convoqués l'an du Seigneur 1228, la deuxième année de son pontificat" (*Légende des trois compagnons*, XVIII, 71).

Sur l'ordre de Grégoire IX, le franciscain Thomas de Celano écrivit une biographie de François, la *Vita prima* (1228). On lui doit également une *Vita secunda* rédigée en 1246 sur la base des informations réunies parmi les premiers compagnons du saint sur l'ordre du ministre général Crescenzio da Jesi, soucieux de conserver les faits et même les paroles de François. En 1260, le chapitre de Narbonne chargea le général des franciscains, saint Bonaventure de Bagnoregio, de rédiger une nouvelle biographie, la *Legenda maior*, qui fut présentée au chapitre de Pise en 1263. Trois ans plus tard, le chapitre général de Paris décréta la destruction de toutes les biographies du saint antérieures à la *Legenda maior*, laquelle devint l'interprétation officielle de saint François divulguée par l'ordre. Saint Bonaventure ne se limita pas à raconter la vie de François, mais le présenta "sous l'aspect de l'ange qui s'élève à l'orient et porte en soi le sceau du Dieu vivant", comme il nous décrit l'autre ami de l'époux, l'apôtre et évangéliste Jean, dans sa prophétie véridique. Et en effet, dans l'Apocalypse, Jean dit, à l'ouverture du sixième sceau: "je vis ensuite un autre ange s'élever à l'orient, qui portait le sceau du Dieu vivant". Cette vision englobait l'interprétation joachimite du rôle historique de saint François, rôle soutenu par les franges les plus extrêmes des franciscains spirituels, fidèles aux dernières volontés dictées par le saint dans son *Testament*.

La construction de l'église

Le processus de canonisation de François n'était pas encore complètement terminé que déjà s'engageaient des négociations pour la construction d'une monumentale église en son honneur. Les parties intéressées étaient: l'Eglise romaine, désireuse de faire entrer au plus tôt dans l'institution ecclésiastique un mouvement en grande partie constitué de laïcs; les frères mineurs, soucieux de célébrer dignement leur saint fondateur; et naturellement la ville d'Assise, qui aspirait à devenir un lieu de pèlerinage. Le choix du lieu tomba sur l'extrémité occidentale du mont Asio, où le flanc de la colline descend à pic vers la vallée du torrent Tescio, utilisée au Moyen Age par la commune pour les exécutions et pour cette raison surnommée "colline de l'Enfer". Le 29 mars 1228, Simone di Pucciarello fit don à frère Elie, qui le reçut au nom de Grégoire IX, d'un terrain situé à l'extérieur des murs, afin que les moines y construisent une église dans laquelle conserver le corps de saint François. Exactement un mois plus tard, Grégoire IX accorda une indulgence de quarante jours à tous ceux qui auraient contribué par leurs aumônes et leur travail à la construction d'une "église spéciale". Avant de devenir pape, Ugolino, comte de Segni, avait occupé la charge de cardinal protecteur de l'ordre des mineurs, charge qui l'avait amené à fort bien connaître François. Le pontife resta à Assise pendant tout le mois de mai, occupé à instruire le procès de canonisation de saint François, qui se termina le 16 juillet par une concélébration solennelle. Le jour suivant, Grégoire IX posa personnellement la première pierre de la nouvelle église.

"Ce pape qui avait extrêmement aimé François de son vivant non seulement lui fit l'admirable honneur de l'inscrire dans le chœur des Saints, mais il fit aussi construire en son honneur une église dont il posa lui-même la première pierre et qu'il enrichit ensuite de dons sacrés et d'ornements précieux. A deux ans de la canonisation, le corps de saint François fut enlevé du lieu où il avait été

Page 8: l'église San Francesco vue depuis la Rocca maggiore ou forteresse. Elle fut construite sur le flanc occidental du mont Asio, sur un escarpement entre les murs romains d'Assise et la vallée d'un torrent. Son orientation fut conditionnée par le site et la fonction funéraire de l'édifice.

Le Saint Couvent vu depuis la vallée. La silhouette du couvent a radicalement modifié le panorama de la ville ancienne, lui donnant la caractéristique forme allongée qu'elle a conservée jusqu'à nos jours.

enseveli et solennellement transporté dans cette nouvelle église. Le pontife envoya en don à l'église une croix d'or resplendissante de pierres précieuses et dans laquelle était enchâssée une relique du bois de la croix du Christ; de plus, il envoya des objets de décoration, des ornements liturgiques et d'autres objets utiles au service de l'autel, de riches et splendides parements sacrés. La basilique fut exemptée de toute juridiction autre que celle du pape lui-même et, par autorité apostolique, celui-ci la proclama "chef et mère" de tout l'ordre des frères mineurs, comme l'atteste le privilège promulgué par une bulle à laquelle souscrivirent tous les cardinaux" (*Légende des trois compagnons*, XVIII, 72).

Le 22 octobre 1228, Grégoire IX annonça que l'édifice en construction ne serait soumis à d'autre autorité que celle du pontife à Rome, auquel revenait la propriété du terrain sur lequel il commençait à s'élever. L'exemption ecclésiastique avait pour but d'éviter de futurs conflits avec les autorités religieuses locales, et peut-être aussi d'apaiser les critiques des disciples les plus zélés de François, critiques et revendications qui ne tardèrent pas à se faire entendre, à tel point qu'à peine deux ans plus tard le pape dut confirmer les droits pontificaux sur l'église. Entre temps, les travaux avançaient rapidement, et le 16 mai 1230 Grégoire IX accorda plusieurs indulgences à ceux qui étaient intervenus lors du transport du corps de l'église San Giorgio à la nouvelle église. La cérémonie solennelle eut lieu le 25 mai suivant en présence du ministre général Giovanni Parenti et d'une foule immense. Mais c'est alors que se produisit un fait embarrassant: les autorités civiles d'Assise, afin d'éviter tout risque d'enlèvement et d'assurer à la ville le corps de François intact, s'emparèrent de sa sainte dépouille et, s'étant enfermées dans l'église, l'ensevelirent sous le maître-autel. Ce fut un scandale énorme et Grégoire IX condamna vivement l'épisode, menaçant de frapper la ville d'excommunica-

Ci-dessous: Giotto, Le Miracle de la crèche de Greccio, détail. Ce détail montre une grande partie du jubé qui s'élevait dans le chœur de l'église inférieure et qui, conformément au modèle des églises monastiques, séparait autrefois la nef du chœur des moines; la messe était célébrée depuis la chaire que l'on voit au-dessus.

En bas sur cette page: la nef de l'église inférieure. L'église inférieure fut conçue comme une grande crypte, selon une solution architecturale que l'on trouve déjà dans des édifices romans de la région, avec une nef unique creusée dans la roche.

tion et de révoquer l'exemption ecclésiastique des moines.

L'on peut dire que la cérémonie du transport du corps marqua la fin de la première phase de la construction, qui comprenait la zone autour de l'autel et la nef de l'église inférieure. La forme particulière de l'édifice est en partie due à la morphologie du sol – l'arête supérieure d'une colline fortement escarpée – et en partie à sa destination d'église-reliquaire. L'église inférieure est en réalité une gigantesque crypte de style roman, constamment plongée dans la pénombre et consacrée au culte du saint enseveli sous le maître-autel. Son plan en T (le Tau de l'alphabet grec) s'inspire d'un symbole cher à François.

A l'origine le projet prévoyait une seule nef, partagée en quatre travées à voûte d'arêtes, se terminant par une abside à calotte tournée vers l'ouest et par un court transept recouvert d'une voûte en berceau. Les travaux commencèrent par le chœur, qui reposait directement sur la roche; pour construire la nef il fallut en revanche creuser une profonde tranchée dans la colline. L'intérieur est éclairé par d'étroites fenêtres à une ouverture percées au centre de chacune des travées – creusées lors de l'ouverture des chapelles –, dans la cuvette de l'abside et dans les murs du transept. Ce dernier est en outre éclairé par les portes donnant sur le couvent et auxquelles l'on accède par deux escaliers.

Le vestibule d'entrée, où les nervures de la voûte présentent un profil différent de celles de la nef, fut ajouté dans un deuxième temps, en tout cas avant l'achèvement de l'égli-

Page 11: la nef de l'église supérieure. L'église supérieure est à une seule nef, avec des voûtes ogivales. Dans la zone de l'abside, les grandes fenêtres au-dessus de la galerie forment une surface vitrée ininterrompue. Lorsque les murs n'étaient pas encore ornés de fresques, l'architecture trahissait une évidente influence gothique française.

se supérieure qui repose sur ces mêmes murs. L'accès au tombeau était barré par un jubé, élément architectonique que l'on trouve encore au-delà des Alpes dans des églises franciscaines – comme dans la Franziskanerkirche de Rothenburg ob der Tauber, en Franconie – et qui tenait les femmes à l'écart du sanctuaire, permettait de filtrer les pèlerins et servait au culte puisque l'on y célébrait la messe depuis un autel placé sur une chaire. L'on en trouve une représentation dans le *Miracle de la crèche de Greccio* (XIII) de la *Légende de saint François* de Giotto, épisode qui se situe près d'un autel surmonté d'un édicule – en réalité une pergola semblable à celle qui aujourd'hui encore existe dans Santa Chiara – derrière lequel l'on entrevoit une cloison et une porte, dans laquelle apparaissent quelques femmes et surmontée d'un crucifix incliné vers la nef. Des fragments de ce jubé, de grandes dalles de marbre ornées de mosaïques, ont été réutilisés pour l'allège de la tribune des chanteurs de Saint Stanislas et dans la chapelle de Marie Madeleine.

L'église supérieure a l'aspect d'une vaste et lumineuse salle gothique partagée en quatre travées, avec un transept et une abside polygonale. Le trône de marbre placé au centre de l'abside indique qu'à l'origine ce devait être une chapelle papale, tandis que la continuité spatiale entre le chœur et la nef lui confère l'aspect simple d'une salle pour la prédication aux foules. Les travées sont surmontées de voûtes croisées de forme ogivale, soutenues par des nervures à arcs transversaux qui se prolongent jusqu'à terre par de minces piliers fasciculés. A un tiers environ de la hauteur, un décrochement du mur fait place à un chemin de ronde qui suit tout le périmètre de l'église, passe derrière les piliers et, dans le transept, sous un triforium. Ce vaste espace est éclairé par la rosace du mur de façade et par de grandes fenêtres percées à la hauteur du clair étage (la partie supérieure des murs délimitée par le profil des voûtes), qui permettent d'apprécier pleinement les fresques des parois. Au fur et à mesure qu'on se rapproche de l'autel, la luminosité s'intensifie; deux fenêtres bigéminées occupent les extrémités du transept et les murs de l'abside font place à de grandes fenêtres, solution empruntée à la tradition gothique française de l'époque qui constitue un cas exceptionnel dans l'architecture italienne de l'époque et ne peut s'expliquer que par l'intervention directe d'ouvriers venus d'au-delà des Alpes, tout comme les chapiteaux à crochets des piliers. A l'extérieur, les poussées centrifuges des voûtes sont annulées par des contreforts cylindriques adossés aux murs, contre lesquels reposent des arcs rampants.

La simplicité du mur rideau de la façade rappelle la cathédrale d'Assise et la tradition des églises romanes de la région, en particulier le motif de la rosace entourée des symboles des évangélistes, et l'ornementation zoophore de la corniche séparant les niveaux. Les seuls hommages à la culture gothique d'au-delà des Alpes sont le portail double s'inscrivant dans une ogive, caractéristique des églises de pèlerinage, et les frises végétales des chapiteaux. Le gigantesque clocher, autrefois surmonté d'une flèche, fut construit après que l'église supérieure eût été achevée et repose contre l'une des tourelles.

Il faut cependant souligner les différences importantes entre l'église supérieure et les grandes cathédrales gothiques de la région parisienne, tant en raison des dimensions restreintes (du fait de la nef unique) que de l'extrême simplicité des membres architectoniques, en grande partie recouverts d'une décoration peinte; le résultat est encore plus austère que dans les édifices construits en Italie au cours des mêmes années pour les cisterciens. L'impression générale est celle d'une construction élevée en toute hâte, sur la vague de l'émotion populaire qui suivit la mort et la canonisation du saint d'Assise.

Si la décision de consacrer à François d'Assise une monumentale église-reliquaire fut prise par Grégoire IX qui en revendiqua à plusieurs reprises la propriété directe, la tradition franciscaine attribue la responsabilité matérielle de l'ouvrage à frère Elie d'Assise, qui s'y attela avec ténacité et le mena à bien. Elu ministre général des frères mineurs en 1232, Elie s'employa à trouver les fonds nécessaires, invitant des visiteurs de toutes les provinces de l'ordre et suscitant un mécontentement diffus par ses méthodes autoritaires, mécontentement qui en 1239 se traduisit par une rébellion ouverte à la suite de laquelle il fut destitué de sa charge.

En 1235 Grégoire IX vint de nouveau à Assise, et en raison de l'immense affluence de fidèles il dut célébrer la messe en plein air sur un autel portatif. L'année suivante, l'église était déjà achevée dans les grandes lignes, et sur la poutre du jubé, au fond de la nef, fut exposé un monumental *Crucifix* avec à ses pieds un minuscule portrait de frère Elie éploré. Un second élément qui permet de supposer que la construction fut achevée du temps de frère Elie nous est fourni par la date 1239 inscrite sur les cloches du campanile, sur lesquelles l'on pouvait lire les noms d'Elie, du pape Grégoire et de l'empereur Frédéric de Souabe.

La construction de l'église fut favorisée par une longue trêve dans la querelle entre l'empire et la papauté, représentée visuellement par les aigles à écailles, symbole des comtes de Segni dont faisait partie Grégoire IX, exposées sur la façade occidentale et à la base des piliers de la façade intérieure, ainsi que par un buste couronné sculpté dans l'imposte de la fenêtre bigéminée du transept sud, dans lequel l'on a reconnu un portrait de l'empereur Frédéric II de Souabe. Et en 1236 celui-ci envoya justement une lettre à Elie pour lui décrire la sépulture solennelle, dans l'église Sainte-Elisabeth de Marburg, de sa cousine sainte Elisabeth de Hongrie, veuve du roi de Thuringe, devenue tertiaire franciscaine et canonisée en

La façade de l'église supérieure. Fort simple, avec de modestes ornements sculptés, cette façade reprend le modèle des cathédrales romanes de la vallée de Spolète. Seule concession aux innovations de l'architecture gothique d'au-delà des Alpes, le portail ogival géminé, caractéristique des églises de pèlerinage.

1235 par le pape Grégoire, à laquelle devait être consacré un autel du transept nord de l'église inférieure; et l'empereur suppliait le moine de prier pour le salut de son âme. C'est ainsi que s'explique la présence à l'extérieur du transept du portrait de Frédéric II, qui pourrait être postérieur à la destitution d'Elie. En décembre 1239, Elie rejoignit Frédéric II à Pise, et ce bien que l'empereur eût été excommunié par Grégoire IX dès le mois d'avril de cette année, et c'est pourquoi le moine fut lui aussi frappé d'excommunication par le pape.

Dans les années suivantes, la lutte redoubla entre le pontife romain et l'empereur excommunié, dont les troupes menacèrent à deux occasions Assise même, sauvée du saccage par l'intervention miraculeuse de sainte Claire. Après la mort de Grégoire IX en 1241, le trône pontifical resta inoccupé pendant deux ans. Le nouveau pape, Innocent IV, abandonna en effet la péninsule pour un long exil à Lyon qui ne prit fin qu'à la mort de Frédéric II en 1250. De retour en Italie, Innocent IV s'installa à Pérouse où il demeura deux ans. Le 27 avril 1253, le pape vint à Assise, et le 25 mai suivant il consacra l'église San Francesco et ses autels en présence d'une foule immense.

Vue de l'abside depuis le cloître du XVᵉ siècle. La splendide perspective de l'abside visible depuis le cloître Renaissance atteste la cohérence du projet d'origine, conçu sur deux niveaux superposés, le niveau inférieur étant convexe et le niveau supérieur polygonal. Le parement de mur extérieur, réalisé sans interruptions évidentes, est entièrement en calcaire blanc et rose du mont Subasio, à l'exception des blocs de travertin ancien qui renforcent les arêtes du transept.

Le portail de l'église inférieure. Sculpté peu après l'an 1300, au terme du programme de rénovation de la crypte, ce magnifique portail fut exécuté par les artisans locaux auxquels l'on doit également les chapiteaux des chapelles et le monument Cerchi, dans le vestibule situé derrière.

Les premières représentations peintes

D'emblée, l'église San Francesco apparaît comme un extraordinaire écrin de peintures; l'on y trouve en effet la décoration murale la plus parfaite du XIIIe et du XIVe siècle italien. On ne trouve pas dans toute l'Europe une telle richesse de représentations, et pourtant pendant de longues décennies les murs des deux églises, en particulier ceux de l'église supérieure, eurent un aspect austère et dépouillé, encore accentué par l'absence presque totale de reliefs sculptés, en particulier la façade principale où à la période dite gothique s'exerça en revanche l'imagination religieuse de l'Occident chrétien. Seuls les autels, à l'occasion des fêtes les plus solennelles, étaient surchargés de splendeurs, de tissus dorés et de précieux ornements; l'on connaît l'épisode de frère Ginepro montant la garde en 1230, depuis le haut d'un autel placé sur le jubé, sur une précieuse palle de tissu doré exposée sur le maître-autel à l'occasion de Noël. Dans le Trésor du Saint Couvent sont encore conservés deux splendides devants d'autel en soie brodée que l'empereur latin de Constantinople Jean de Brienne donna pour orner l'autel lors du transport du corps de saint François. La première représentation exposée dans l'église fut probablement le *Crucifix* peint commissionné en 1236 pour l'église supérieure par frère Elie qui s'y fit représenter en adoration aux pieds du Christ, avec à côté une inscription révélant son identité: "*Frater Helias fieri fecit, Iesu Christe pie miserere precantis Helie. Iuncta Pisanus me pinxit A.D. MCCXXX-VI*". Le symbole de la croix était particulièrement cher à François. A en croire son biographe saint Bonaventure, le saint avait l'habitude d'exhorter ses compagnons à se concentrer sur une représentation du Christ crucifié et à s'identifier avec sa Passion, ce afin de pallier le manque de livres de culte.

Dans l'église Santa Chiara est jalousement conservé le *Crucifix* qui parla à saint François dans la petite église San Damiano et où le martyr est représenté selon l'iconographie romane du *Christus triumphans*, c'est-à-dire vivant, sur le trône de la croix. Le *Crucifix* peint par Giunta Pisano suivait quant à lui plutôt l'iconographie byzantine du *Christus patiens*, à savoir le Christ mort douloureusement replié sur le bois de la croix, d'après le modèle du *Crucifix* peint par ce même artiste pour le sanctuaire de la Portioncule. Ce type d'iconographie, qui vit le jour dans l'Orient byzantin, fut introduit en Occident à l'époque des premières croisades et apparut en peinture et en orfèvrerie au-delà des Alpes à partir du milieu du XIIe siècle. Il est probable que cette iconographie fut suggérée au peintre par frère Elie lui-même, puisque trois ans durant celui-ci fut gardien de la province des frères mineurs en Terre Sainte et eut certainement l'occasion de voir dans le Saint-Sépulcre des représentations sacrées fortement chargées de dévotion. Et ce modèle inspira les nombreux crucifix peints au XIIIe siècle pour les communautés franciscaines d'Italie. Dans le *mare magnum* de représentations sacrées exécutées pendant les deux premiers siècles d'existence de la basilique, le *Crucifix* de Giunta Pisano resta la seule œuvre portant bien en évidence le nom de son auteur, ce qui prouve la grande considération dont jouissait le peintre pisan; et quelque temps plus tard celui-ci se vit commissionner également le *Crucifix* de l'église San Domenico à Bologne, où était enseveli le fondateur de l'autre grand ordre mendiant de l'Europe médiévale, celui des dominicains, saint Dominique de Gúzman. Le *Crucifix* de Giunta Pisano resta exposé jusqu'au XVIIe siècle dans l'église supérieure, sur une poutre de jubé soutenue par deux consoles encore visibles sur les murs à l'extrémité de la nef; l'on peut avoir une idée de son emplacement d'origine grâce à l'un des épisodes de la *Légende de saint François* de Giotto, *La Vérification des stigmates à la Portioncule* (XXII), qui se déroule dans une église traversée par une poutre de jubé soutenue par des consoles et surmon-

Page 16: Giotto, La Vérification des stigmates, *détail.*

"Maître du Trésor", Saint François entre quatre de ses miracles. Trésor du Saint Couvent. Cette représentation fort ancienne est de peu antérieure à la consécration de l'église en 1253. Les quatre miracles des côtés illustraient pour les pèlerins la fonction thaumaturgique du saint.

Devant d'autel en soie brodée, Trésor du Saint Couvent. Cette réalisation d'une manufacture de Palerme fut donnée à l'église d'Assise par Jean de Brienne en 1230, à l'occasion du transport solennel du corps de saint François.

Peintre ombrien (XIIᵉ s.), Crucifix de San Damiano, église Santa Chiara. L'hagiographie rappelle que dans un célèbre épisode de la vie du saint ce Crucifix parla au jeune François dans San Damiano.

tée d'un crucifix encadré d'une Vierge peinte et d'un saint Michel sculpté.

A part celui de frère Elie, beaucoup d'autres crucifix étaient exposés sur les autels de l'église pour répondre aux besoins des fonctions liturgiques quotidiennes. L'on en voit un au dos d'une cloison dans *Le Miracle de la crèche de Greccio* (XIII), représenté avec un tel réalisme – avec la description minutieuse de la charpente et du trépied utilisé pour fixer l'œuvre au mur – que l'on peut penser que l'artiste a reproduit la situation du jubé de l'église inférieure. En outre, deux crucifix correspondant à l'iconographie du *Christus patiens* proviennent de la basilique San Francesco: l'un est conservé dans le trésor du Saint Couvent et l'autre au musée de Cologne, où il fut emporté en 1836 par le peintre allemand J. A. Ramboux. L'auteur en est un peintre anonyme qui travailla pour des communautés franciscaines entre l'Ombrie, les Marches et l'Emilie vers le milieu du XIIIᵉ siècle et que les spécialistes désignent sous le nom de "Maître des Crucifix bleus" en raison de l'habitude qu'il avait de peindre d'un bleu éclatant les vêtements de ses personnages. Bien que de dimensions réduites la forme de leur charpente exclut qu'ils aient pu servir lors des processions; les deux croix étaient visibles des deux côtés, qui répètent la figure du Christ crucifié. Ils étaient donc exposés sur des autels isolés plutôt que sur des autels adossés à un mur. L'hypothèse la plus crédible est qu'ils étaient placés à côté ou accrochés au-dessus des autels principaux des deux églises, les seuls permettant une vision des deux côtés, et ce à une époque proche de la consécration de l'église et de ses autels par Innocent IV en 1253.

Dans le Trésor du Saint Couvent est conservé un important devant d'autel représentant *Saint François entouré de quatre de ses miracles*. Et l'on trouve un grand nombre de portraits du saint dans des églises fondées par des communautés de frères mineurs d'Ombrie et de Toscane tout de suite après la mort de saint François; la peinture la plus ancienne dont on trouve mention portait la date de 1228, l'année de la canonisation. Ces retables, inspirés par les icônes hagiographiques byzantines mais adaptés pour être placés au-dessus d'un autel, ont habituellement une forme verticale se terminant en pointe, avec au centre l'image du saint bénissant et sur les côtés des épisodes de sa vie et de ses miracles. Le retable du Trésor se distingue par sa forme horizontale et par le fait qu'il ne représente que les miracles de la canonisation, dont un se produisit près de la première sépulture dans l'église San Giorgio – le miracle de la fillette dont la tête fut rattachée sur ses épaules – et deux près de l'autel de l'église inférieure – le miracle de l'infirme Niccolò da Foligno et le miracle de la jeune fille de Norcia possédée par le démon –; le quatrième miracle – saint François guérissant l'infirme Bartolomeo da Narni – a pour protagoniste un pauvre pèlerin. L'on peut exclure que ce retable se trouvait au-dessus de l'autel-reliquaire ou adossé devant celui-ci à la manière d'un *antependium*. Probablement était-il placé sur ou devant le jubé dont nous avons déjà parlé et qui séparait la zone accessible aux laïques du sanctuaire réservé aux religieux, à l'intérieur duquel s'étaient produits des miracles. Ceci explique également l'iconographie particulière du saint, qui montre les stigmates de ses mains et de ses pieds, tient une croix et présente un livre contenant sa règle de vie: "Si tu veux être parfait, va vendre tout ce que tu possèdes et donne-le aux pauvres". En mars 1237, le pape Grégoire IX intervint avec autorité contre tous ceux qui niaient l'existence des stigmates, affirmant qu'il n'y avait pas péché "si un privilège si singulier, pour la plus grande gloire de celui qui l'a accordé à travers le témoignage de la peinture, se rend

Giunta Pisano, Crucifix, Musée de la basilique Santa Maria degli Angeli. Il reproduit celui, à présent perdu, que frère Elie fit peindre pour l'église d'Assise et qui représentait le moine agenouillé aux pieds du Christ.

"Maître des Crucifix bleus", Crucifix, Trésor du Saint Couvent. Cette représentation de "Christus patiens" se répète sur les deux faces du Crucifix. Cette croix était exposée en position isolée, au-dessus du maître-autel ou au fond de la nef, de manière à être vue aussi bien par les moines depuis le chœur que par les laïques depuis l'entrée.

visible aux yeux des dévots". Cette situation semble se refléter dans le retable du Trésor, où la présence des stigmates ne prime pas sur la destination thaumaturgique de la représentation. Le choix des épisodes hagiographiques démontre que le culte du saint alla exclusivement de pair, dans les années immédiatement postérieures à sa mort, avec l'exaltation des propriétés miraculeuses attribuées à sa dépouille mortelle, invoquées par les pèlerins accourus vers sa sépulture et divulguées par Thomas de Celano dans son *Traité des miracles*. Cet important tableau s'inscrit dans le cadre d'un phénomène figuratif complexe dit "langue franque" auquel prirent part des artistes de différentes nationalités, en particulier des Vénitiens, actifs pour les royaumes latins de Palestine et de Chypre à la suite de la IVe croisade de 1204, suivie de la fondation d'un royaume latin à Constantinople. Des artistes des croisades ornèrent de fresques représentant des épisodes de la vie de saint François une absidiole de la Kalenderhane Camii de Constantinople à une date antérieure à 1261, lorsque la ville fut reconquise par Michel VIII Paléologue. Parmi les rois latins de Constantinople, un rôle éminent revint à Jean de Brienne, qui rencontra saint François sous les murs de Damiette et assista à Assise à la canonisation du saint; sa fille Yolande épousa l'empereur allemand Frédéric II de Souabe, auquel elle apporta en dot le titre de roi de Jérusalem. A la mort de Jean de Brienne en 1237, sa dépouille mortelle fut transportée à Assise et ensevelie dans l'église inférieure de San Francesco, à laquelle de son vivant il avait fait de précieux dons. C'est à ce contexte qu'appartient également la représentation de saint François conservée dans le Trésor et exécutée à une date proche de la consécration de l'église.

Les fresques de l'église inférieure

Innocent IV demeura sans interruption dans le Saint Couvent pendant le printemps et l'été 1253. Le 10 juillet, voyant que cette vénérable église n'était pas encore achevée comme il se devait, il autorisa frère Filippo da Campello, procureur de la basilique d'Assise – charge instituée en 1240 pour contourner l'interdiction de manier de l'argent – à dépenser pendant un laps de temps de vingt-cinq ans les aumônes des fidèles afin de compléter le noble édifice et de l'orner d'œuvres insignes selon les indications du cardinal protecteur Rinaldo da Segni, en dérogation à la constitution de l'ordre et malgré l'opposition du ministre général ou des moines d'Assise. Quelques jours plus tard, le pape donna aux frères la permission d'accepter librement pour les offices dans l'église des livres, des calices, des croix et autres objets en or et en argent, ainsi que des parements liturgiques, lesquels ne pourraient être vendus sous aucun prétexte. Ayant célébré la fête de saint François le 4 octobre, Innocent IV se rendit à Anagni puis à Naples, où il mourut en décembre 1254. Quelques jours plus tard, Rinaldo da Segni fut élu pape et prit le nom d'Alexandre IV. Ce neveu de Grégoire IX avait par celui-ci été nommé en 1227 cardinal protecteur des ordres mineurs, charge qu'il ne voulut céder à nul autre lorsqu'il fut devenu Alexandre IV. Lorsqu'il était cardinal, Rinaldo s'était largement prodigué pour l'ordre franciscain, et sa papauté (1254-1261) laissa des traces évidentes dans l'église d'Assise, dont il fit revêtir de fresques l'église inférieure et de vitraux historiés l'église supérieure.

Le cycle de décorations de l'église inférieure est inspiré par une interprétation spirituelle de saint François qu'Alexandre IV fit sienne lorsqu'il assista à la mort du saint et toucha les plaies ouvertes de son corps, en particulier la blessure sanglante de son flanc. Dans une lettre du pape datant d'octobre 1255, le saint d'Assise est présenté comme un autre Christ – expression reprise par saint Bonaventure dans sa *Legenda maior* – parce qu'il porte sur son corps mort les signes de la rédemption de l'humanité accomplie par Jésus-Christ, notre Sauveur.

Dans la nef, les cinq épisodes de la vie de saint François du mur sud font face à autant de moments de la Passion du Christ représentés sur le mur nord. La série commence à la travée proche du narthex et se termine à l'endroit où se trouvait le jubé: I) *Le Christ dépose ses vêtements au pied de la croix – François renonce aux biens terrestres*; II) *Du haut de la croix, le Christ confie Marie à Jean – Innocent III rêve de François soutenant l'Eglise de Rome qui tombe*; III) *Descente de croix – La Prédication de François aux oiseaux*; IV) *La Lamentation sur le Christ mort – François reçoit les stigmates d'un séraphin*; V) *Le Christ est reconnu par ses disciples à Emmaüs – La Découverte des stigmates sur le corps de saint François*.

L'iconographie des stigmates reçues par François lors de l'apparition d'un séraphin suit le récit de la *Vita secunda* de Thomas de Celano (1246), d'où est repris l'un des *tituli* qui accompagnent les scènes. Dans sa *Legenda maior*, saint Bonaventure soutient au contraire que sur le mont Alverne ce fut le Christ crucifié qui apparut à François sous l'aspect d'un séraphin. Et donc ces fresques sont certainement antérieures à 1263, date à laquelle fut terminée la *Legenda maior*.

Dans l'esprit des commanditaires, la décoration peinte devait accompagner la *via sancta* des pèlerins depuis l'entrée jusqu'à la sépulture du saint, et elle vint recouvrir l'architecture de l'église-reliquaire, accentuant la symbologie funéraire de celle-ci. Dans la voûte, où est peint un ciel étoilé qui est une allusion au royaume des cieux, le peintre a placé dans l'enduit des petits miroirs destinés à

Page 20: "Maître de Saint François", La Prédication aux oiseaux, détail.

Vue de la nef de l'église inférieure. Endommagée par la construction des chapelles, la nef conserve encore de larges traces d'une décoration murale exécutée peu après 1253.

accentuer l'effet féerique. La figure symbolique de l'étoile revient régulièrement dans les marqueteries du sol et sur l'autel en forme de sarcophage.

Bien qu'endommagées par les défoncements du mur et la chute de vastes zones d'intégrations à la détrempe, ces fresques annoncent un moment important de la peinture italienne du XIIIe, caractérisé par la rencontre de la tradition byzantine et des nouvelles formes gothiques. Une grande partie de la décoration fut exécutée par le "Maître de Saint François", un peintre anonyme qui doit son nom à une icône représentant le saint conservée dans le sanctuaire de la Portioncule. Les différentes réalisations de cet artiste pour des églises franciscaines en dehors d'Assise et l'influence qu'il exerça sur la peinture ombrienne prouvent qu'il était originaire des environs, peut-être un religieux résidant dans le Saint Couvent d'Assise; ce dernier abritait probablement un atelier spécialisé dans la production d'images saintes, en particulier des crucifix, destinées aux communautés des ordres mineurs. Sa présence à Assise lui permit d'entrer en contact avec les artisans d'outre-monts qui réalisèrent les décorations des vitraux de la basilique supérieure, et lui-même fournit des cartons pour les vitraux, pratique qui lui inspira une préférence pour des lignes souples et fluides, quoique pas encore pleinement gothiques, et une réinterprétation fort personnelle de la peinture romane d'Ombrie méridionale. A côté du "Maître de Saint François" l'on trouve dans ces fresques la main du "Maître des Crucifix bleus", ce même artiste qui peignit des crucifix pour les autels de l'église et que l'on retrouve dans les *Episodes de la Passion* avec la caractéristique couleur bleue du pagne du Christ.

Le "Maître de Saint François" travailla également aux murs du sanctuaire, où quelques rares fragments sont encore visibles sous les repeints du XIVe, à la base des nervures de la croisée du transept et dans une fenêtre à une ouverture qui éclairait autrefois le bras nord du transept. On lui doit également la fresque isolée d'une *Vierge à l'Enfant et un ange*, dans la partie droite de la quatrième travée, au-dessus de la tombe du cardinal Pietro di Barro, mort à Assise en octobre 1252 et enterré ici malgré l'avis contraire des Constitutions de Narbonne (1260), qui réservaient aux seuls frères le droit d'être enterrés dans les églises des ordres mineurs. C'est la première tombe d'un prélat étranger à l'ordre dont on ait connaissance.

"Maître de Saint François", Episodes de la Passion du Christ et de saint François. Ces fresques associent cinq épisodes de la Passion du Christ à autant d'épisodes de la vie de saint François, en l'occurrence les plus anciennes peintures murales consacrées au saint.

Dans le sens des aiguilles d'une montre: La Prédication aux oiseaux, Christ depuis le haut de la croix confie la Vierge à saint Jean, La Descente de croix et la Lamentation sur le Christ mort.

Les vitraux de l'église supérieure

Sous le pontificat d'Alexandre IV, le ministre général Bonaventure de Bagnoregio présenta au chapitre des frères, réuni à Narbonne en 1260, une série de règlements sur la vie au sein de l'ordre. Parmi les paragraphes consacrés à l'observance de la pauvreté, l'on trouvait l'interdiction de construire dans les églises des toitures en maçonnerie, à l'exception de la chapelle principale; en outre, il fallait éviter des excès tels que tableaux, sculptures, fenêtres et colonnes, et la longueur, la largeur et la hauteur des églises devaient respecter les habitudes locales. Les seuls ornements permis étaient, dans le chœur derrière le maître-autel, des fenêtres ornées de vitraux historiés représentant le Crucifix, la Vierge Marie, saint Jean, saint François et saint Antoine.

Le statut de siège apostolique de l'église d'Assise l'exemptait de règlements internes conçus pour freiner les excès, mais le besoin de mettre un frein à un désir généralisé de constructions toujours plus grandes, toujours plus splendides, ne pouvait plus être ignoré, comme le révèle la chronique de Thomas d'Eccleston sur l'établissement en Angleterre des frères mineurs. Et il est en tout cas significatif que l'interdiction n'ait pas été étendue aux icônes représentant saint François, particulièrement répandues en Italie, ou à l'utilisation de vitraux historiés, caractéristiques de l'architecture gothique au-delà des Alpes. L'on en trouve des exemplaires antérieurs au chapitre de Narbonne dans l'église des Déchaux à Erfurt, en Thuringe.

L'église supérieure vit le jour pour abriter la première et la plus vaste série de vitraux historiés d'Italie. Le manque de précédents dans le travail du verre peint fut pallié à Assise par la participation d'artisans venus d'au-delà des Alpes et capables de construire des fours pour la fusion et la coloration du verre; des liens s'établirent ainsi avec les chantiers des grandes cathédrales gothiques d'Europe et avec les bâtisseurs des églises franciscaines d'outre-monts, qui fournirent des artistes, des sujets d'inspiration iconographique et des solutions techniques.

Malgré les remaniements et les importants repeints dont il a fait l'objet, ce cycle témoigne encore d'une certaine unité. A peine l'église achevée, il fut commencé à partir des trois fenêtres ternées du chœur, dans lesquelles est représentée la vie du Christ – son enfance, sa vie publique et sa Passion – conjointement à des épisodes de l'Ancien Testament, selon le principe du rapprochement entre Ancien et Nouveau Testament largement expérimenté par la casuistique scolastique. L'auteur de ces vitraux trahit une culture figurative d'école néo-latine, inspirée par des iconographies byzantines, typique de la miniature et de l'orfèvrerie des régions centrales de l'Allemagne dans les vingt-cinq premières années du XIIIe; et il est étroitement en rapport avec les vitraux représentant la vie de saint François dans l'église des Déchaux à Erfurt, ce qui permet d'avancer la datation des vitraux d'Assise à 1235-1250, avant la consécration de 1253 et très probablement encore pendant le pontificat de Grégoire IX, alors que frère Elie était ministre général.

L'on remarque une importante différence de style entre les vitraux du chœur et ceux du transept et de la nef, commencés à l'époque d'Alexandre IV, pendant le pontificat duquel Claire d'Assise fut canonisée en 1255; la sainte figure parmi les Vierges dans la fenêtre bigéminée située au sud. Les fenêtres de la nef représentent un cycle apostolique complet, selon un modèle fort courant dans les cathédrales au-delà des Alpes. Et l'absence dans les vitraux de saint Pierre et de saint Paul n'est probablement pas un hasard; leur place est occupée par saint François et par saint Antoine de Padoue, élevés ici au rang de nouveaux apôtres en raison de leur activité de prédicateurs; c'est à revanche à Pierre et Paul qu'est consacré l'autel du transept nord, que Cimabue ornera de fresques représentant des épisodes des vies des princes des apôtres, fondateurs de l'Eglise de Rome. L'influence de Rome sur la basilique d'Assise est confirmée par deux médaillons qui sur la façade intérieure représentent les bustes de Pierre et de Paul.

L'exécution des vitraux est due à deux groupes principaux d'artisans. Dans la fenêtre géminée du transept sud, représentant la Genèse et l'*Ordo virginum*, et dans deux vitraux apostoliques de la nef – ceux représentant saint Jacques le Majeur et André, Jean et Thomas – dominent des solutions figuratives d'origine française, communes aux formes du style gothique rayonnant introduit vers le milieu du XIIIe siècle, à l'époque de Louis IX, dans l'art français de la

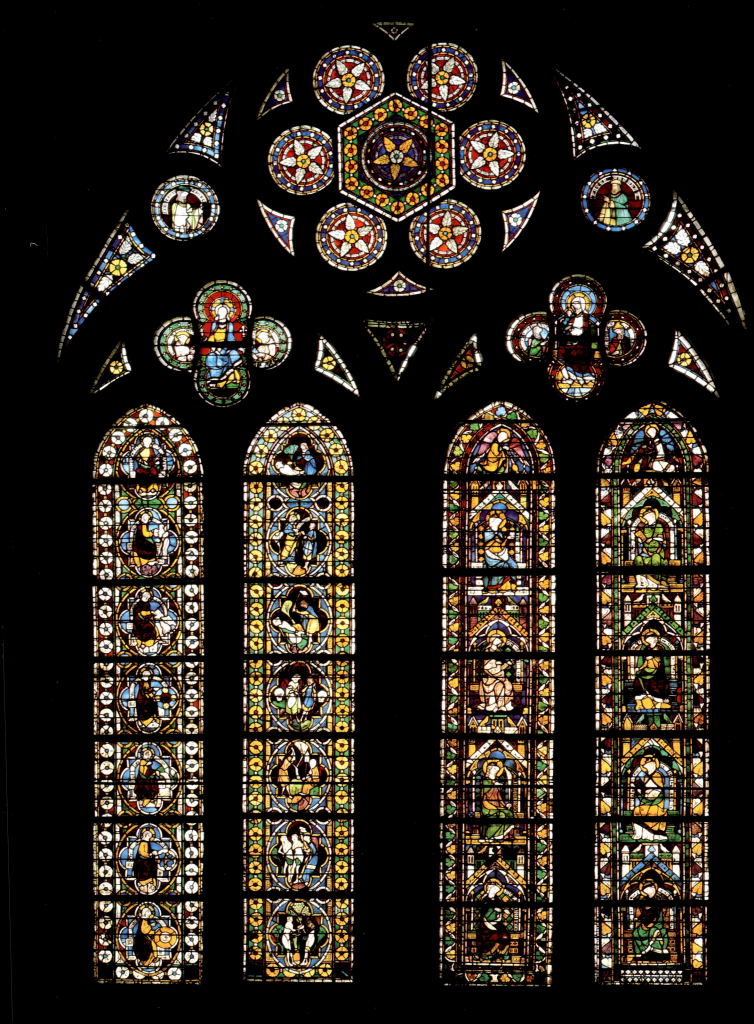

Page 23: un vitrail de l'église supérieure.

Page 24: fenêtre bigéminée du transept sud. Ce grand vitrail et certaines des fenêtres de la nef consacrées aux apôtres sont l'œuvre d'artisans français et présentent des similitudes importantes avec les vitraux de la cathédrale de Tours.

Vitraux du "Maître de Saint François", détails. Deux épisodes de la vie de saint François (à gauche) et de la vie de saint Antoine de Padoue (à droite), auxquels ces vitraux furent consacrés. En 1260, le Chapitre de Narbonne avait en effet accepté que ces deux saints soient représentés à côté du Christ et de la Vierge.

miniature. Ce saint monarque eut pour saint François une dévotion particulière, portant l'habit du tiers ordre et envoyant à la basilique d'Assise de précieux dons, parmi lesquels un splendide missel destiné à l'autel de l'église inférieure et enluminé dans un atelier parisien vers 1255-1256. Les vitraux d'Assise présentent d'étroites affinités avec les vitraux des apôtres dans la cathédrale de Tours.

La fenêtre bigéminée du transept sud, avec des représentations des apparitions du Christ jusqu'à l'Ascension, et, dans la nef, les vitraux représentant les apôtres Barthélémy et Matthieu et saint François et saint Antoine de Padoue sont l'œuvre du "Maître de Saint François" dont nous avons déjà parlé à propos des murs de l'église inférieure. Et c'est également de l'atelier ombrien de cet artiste que proviennent les deux premiers vitraux du mur situé à gauche de l'entrée, celui représentant six anges et la Glorification de saint François, porté par le Christ contre sa poitrine comme, dans l'ogive à lancette située à côté, la Vierge soutient l'Enfant Jésus – iconographie inspirée par la *Legenda maior* de saint Bonaventure –, et celui orné de figures de prophètes et d'évêques. Les deux derniers vitraux du mur sud, avec les apôtres Simon et Jude Thaddée, Philippe et Jacques le Mineur, sont presqu'entièrement le résultat de restaurations modernes.

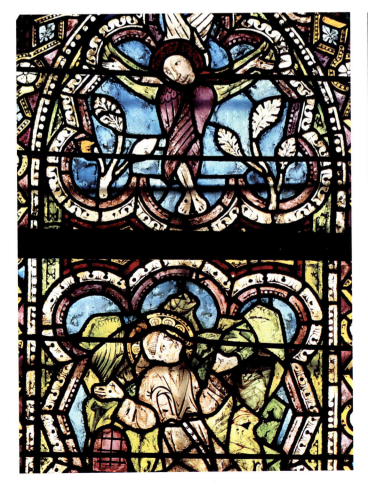

Les premières décorations peintes de l'église supérieure

Dans l'église supérieure, le haut du transept nord présente une décoration peinte fort endommagée et incomplète, qui faisait partie d'un cycle décoratif antérieur à l'intervention de Cimabue. Contrairement à ce que le "Maître de Saint François" a réalisé dans l'église inférieure – où les épisodes des vies du Christ et de François utilisent les murs comme un support, sans aucun effet de profondeur –, ces fresques s'intègrent parfaitement dans les lignes architecturales de l'église, l'étalement pictural palliant les carences de cet édifice par rapport aux édifices transalpins. Du point de vue de l'iconographie et de la composition, cette décoration fut conçue en étroit rapport avec les vitraux historiés, de manière à donner l'illusion d'une surface transparente ininterrompue. A l'extrémité du transept, le mur n'est pas seulement percé par la fenêtre mais semble ouvrir aussi par les niches peintes de représentations des *Prophètes Isaïe et David*, qui reprennent le profil des corniches de soutien des vitraux; et les gestes des deux prophètes rappellent l'Ascension qui couronne la fenêtre bigéminée et en complète la signification. Le carton du vitrail est dû au "Maître de Saint François", tandis que les peintures murales ont été attribuées à un "Maître d'outre-monts", lui aussi peintre de vitraux et fort proche de l'atelier français qui réalisa la fenêtre bigéminée vers le sud.

La formation transalpine de ce maître est attestée par les gâbles fuselés peint à l'extérieur du triforium, inspirés par des architectures du style gothique rayonnant, tandis que la recherche d'un effet plastique sculptural que trahissent les apôtres peints contre le mur du fond du triforium, six de chaque côté, rappelle la galerie de personnages de la façade intérieure de la cathédrale de Reims. Pour les deux épisodes peints à fresque dans les lunettes latérales et représentant la *Transfiguration* et le *Père Eternel en trône entre les symboles des évangélistes*, qui font allusion à l'Apocalypse, l'on a en revanche trouvé des liens iconographiques avec des miniatures françaises et anglaises.

La décoration du transept nord fut exécutée à l'époque du pontificat de Clément IV (Gui Foulques, de Saint-Gilles-sur-Rhône, 1265-1268), dont les armoiries représentant un coq se répètent avec insistance dans les archivoltes. Salimbene da Parma raconte que l'archevêque de Narbonne ne voulut pas monter sur le trône pontifical avant d'avoir visité l'église San Francesco d'Assise. C'est durant son pontificat que prit fin le conflit ayant longtemps opposé l'Eglise de Rome à l'empereur Frédéric II et à son héritier Manfred. Dans la tentative de chasser les Souabes tant haïs du Royaume de Sicile, son prédécesseur Urbain IV (Jacques Pantaléon, de Troyes, 1261-1264), demanda son aide au roi français saint Louis et, celui-ci ayant refusé, s'adressa à son frère cadet, Charles d'Anjou, lui offrant la charge de sénateur de Rome. Avec l'élection de Clément IV, le roi Charles se décida enfin à se rendre en Italie. En mai 1265, il était à Rome à la tête d'une armée, et le 26 février 1266 mit en déroute l'armée souabe de Manfred à Bénévent, ouvrant le chemin à la conquête du royaume de la part des Anjou et au triomphe des communes guelfes contre leurs rivales gibelines. Par une coïncidence curieuse, exactement un mois plus tard Clément IV autorisa le procureur de l'église, Piccardo di Angelo, neveu de saint François, à proroger de trente ans le privilège accordé en 1253 par Innocent IV, qui permettait de dépenser pendant vingt-cinq ans les offrandes des fidèles pour embellir l'église. A notre avis, Clément IV fit orner les murs de l'église supérieure en signe d'action de grâces pour la fin du conflit avec les Souabes et, reprenant un programme iconographique qu'il avait également utilisé dans la cathédrale de Narbonne, voulut reproduire l'aspect d'une cathédrale d'Ile-de-France.

Ce "Maître d'outre-monts" commença également à décorer de fresques la voûte du chœur, dont les nervures portent ses éclatantes couleurs violacées et ses décorations végétales stylisées empruntées au répertoire des manuscrits anglais, mais pour quelque raison inexplicable – peut-être l'arrêt forcé des travaux en raison de la réunion du Chapitre général à Assise en 1269 – l'équipe d'artisans gothiques fut dissoute, et quelque temps après Cimabue fut appelé en remplacement. Le choix de ce peintre florentin mit fin à l'influence du monde gothique transalpin qui avait caractérisé le chantier d'Assise, et introduisit en revanche le renouveau d'inspiration classique tant en vogue à Rome dans les réalisations artistiques postérieures à l'élection de Nicolas III Orsini, un pape romain (1277-1280).

Vue du transept nord. C'est ici qu'un "Maître d'outre-monts", de culture gothique et probablement français, entama la décoration peinte de l'église supérieure. Les fresques, désormais très effacées comme l'atteste le Saint Paul de la page 26, se superposent aux lignes architecturales de l'édifice, lui donnant l'aspect d'une cathédrale de style gothique rayonnant. La décision d'orner toute l'église de fresques fut prise par Clément IV, dont l'emblème, un lis, est répété avec insistance sur les archivoltes des murs.

Cimabue à Assise

Une information précieuse quant au terme *post quem* de la reprise des travaux de décoration des murs du chœur nous est fournie par un détail, invisible à l'œil nu, qui se trouve dans la voûte au-dessus de l'autel. Dans la croisée du transept l'on peut voir des personnifications des évangélistes, chacun écrivant son livre assis sur un trône de bois et flanqué du symbole du tétramorphe lui correspondant – l'ange, le lion, le taureau et l'aigle –, avec en face la région du monde pour laquelle, selon la tradition, il écrit son Evangile: Matthieu et la Judée, Marc et l'Italie, Luc et la Grèce et Jean et L'Asie.

L'*Ytalia* est représentée par une vue synthétique de Rome, ceinte des murs d'Aurélien, avec sept ou huit monuments apparemment peints d'après nature et pour la plupart bien reconnaissables: le Palais des Sénateurs, la basilique Saint-Pierre, la Tour des Milices, le Panthéon et le château Saint-Ange.

Le Palais des Sénateurs est orné de grands écussons de la famille Orsini et du sénat romain (S.P.Q.R.). Ces écussons se trouvent encore de nos jours dans des greniers de ce palais du Capitole et remontent à un évènement historique précis, lorsqu'au terme du mandat de sénateur de Rome de Charles d'Anjou (en septembre 1278), le nouveau pape, Nicolas III Orsini, recouvrit personnellement cette charge, nommant comme vicaire son frère Matteo Rosso. A la mort de Nicolas III en 1280, le conclave réuni à Viterbe élut pour lui succéder Simon de Brion, un prélat français très lié avec les Anjou, qui prit le nom de Martin IV. Charles d'Anjou devint à nouveau sénateur, cette fois à vie. Les armoiries des Orsini visibles dans le voutain de saint Marc permettent de dater ces fresques entre 1278 et 1280, à l'époque du pontificat de Nicolas III. Elles ne témoignent pas d'une intervention directe du pape dans le cycle décoratif, contrairement aux armoiries de Clément IV présentes dans le transept nord, mais permettent de situer le contexte historique de l'exécution de cette décoration.

Avant de devenir pape, Giovanni Gaetano Orsini avait été à partir de 1261 cardinal protecteur des ordres mineurs, charge qu'il occupa jusqu'en 1279 lorsqu'à la demande des frères, qui avaient avancé le nom de leur général Girolamo da Ascoli, il se fit remplacer, choisissant son neveu préféré, Matteo Rosso. La bulle *Exit qui seminat* d'août 1279 constitue une défense sans réplique des idéaux de saint François contre les excès des spirituels et l'opposition du clergé séculaire, et une assimilation définitive de l'ordre dans l'institution ecclésiastique; l'Eglise devenant la légitime propriétaire des édifices occupés par les frères, lesquels en conservent l'usage. C'est également à Nicolas III que l'on doit l'adoption du bréviaire franciscain dans la liturgie romaine. La célébration de la suprématie de l'Eglise, soulignée par le souverain pontife dans les fresques du Sancta Sanctorum dans le Latran, constitue la base du programme iconographique adopté dans la chapelle papale d'Assise – dominée par le trône pontifical – et inspiré par la consécration des trois autels à la Vierge, aux apôtres et à l'archange saint Michel; et le choix des différents épisodes suit l'ordre des lectures des jours de fête respectifs. Les épisodes de la vie de la Vierge, dans la tribune de l'abside, signifient que l'Eglise fut engendrée par Marie; les épisodes des vies des apôtres, dans le transept nord, rappellent les fondateurs de l'Eglise de Rome. L'Apocalypse, dans le transept sud, symbolise la venue du Royaume de Dieu et l'affirmation de la domination de l'Eglise sur la société. Derrière les autels sont dessinées deux grandes Crucifixions, inspirées par des moments ultérieurs de l'Evangile selon saint Jean, qui s'offraient à l'adoration des frères chantant en chœur.

Pour la réalisation de ce cycle grandiose l'on fit venir le peintre florentin Cimabue qui, pour s'être trouvé à Rome en 1272, ne pouvait ignorer le goût pour l'Antiquité de Nicolas III, issu de l'une des plus illustres familles romaines; un goût fort bien représenté par les fresques du Sancta Sanctorum personnellement commissionnées par le pape, mais que partageait aussi le peintre florentin, comme en témoigne l'évolution de son style, du *Crucifix* de jeunesse d'Arezzo à celui de Santa Croce. Les fresques d'Assise constituent la principale réalisation du maître toscan et certainement l'un des principaux monuments, sinon le principal, de la peinture italienne avant Giotto. La renommée de ce cycle grandiose ne se limite pas à sa signification politique et à sa fidélité aux problématiques religieuses de l'époque; elle s'explique par la qualité extraordinaire des représentations, qui font de Cimabue le maître du renouveau byzantin qui en Italie suivit la

Page 28: Cimabue, Ytalia, *détail de la croisée du transept. L'Italie qui figure à côté de l'évangéliste Marc est une mosaïque d'édifices de la Rome païenne et chrétienne. L'édifice le plus haut, le Capitole, est orné des emblèmes des Orsini et du sénat romain, ce qui permet de dater ces fresques postérieurement à 1278.*

Cimabue, croisée du transept ornée de représentations des Evangélistes. Cette voûte marque la transition d'un programme décoratif inspiré par des modèles français à un type de décorations existant dans les basiliques romaines. La richesse des encadrements influença les miniaturistes de Pérouse, qui les imitèrent pour les initiales de leurs manuscrits enluminés.

chute du royaume latin de Constantinople, tout en ouvrant déjà la voie au réalisme gothique, sacrifiant les iconographies traditionnelles au souffle brûlant de la passion dramatique, laquelle culmine dans le pathos tragique de la *Crucifixion* du transept sud; entre la douleur contenue de Marie serrant la main de Jean, le hurlement sombre de Marie Madeleine, la sourdine du chœur et le tumulte des sphères célestes, un minuscule François étreint le bois de la croix.

Et Vasari, qui vit les fresques avant qu'elles n'aient perdu la fraîcheur de leurs couleurs, le savait bien puisqu'il écrivait: "Cette œuvre véritablement grandiose et riche, parfaitement exécutée, dut à mon avis émerveiller son époque, après que pendant si longtemps la peinture se fût trouvée dans un tel obscurantisme, et à moi qui la revis en 1563 elle parut splendide si l'on songe dans quelles ténèbres Cimabue put voir autant de lumière". Malheureusement pour nous, cet imposant cycle de pein-

Cimabue, La Vierge faisant ses adieux aux apôtres. C'est le premier des épisodes ayant trait à la mort et à la glorification de la Vierge qui occupent la moitié inférieure de la tribune de l'abside. Dans la partie supérieure des murs sont représentés les évènements précédant l'Annonciation, de l'Annonce à Joachim au Mariage de la Vierge.

tures est à présent en fort mauvais état en raison de l'oxydation des blancs d'argent, largement utilisés par le peintre et qui en noircissant ont provoqué un assombrissement général de la surface peinte, avec un effet comparable à celui d'un négatif photographique.

Cimabue emprunta au "Maître d'outre-monts" l'idée de situer le drame sacré à l'intérieur d'une fausse architecture, mais il s'éloigna des modèles architectoniques de celui-ci, préférant au style rayonnant les formes plus sobres du roman tosco-romain ou des édifices paléochrétiens. Galeries d'arcs surbaissés sur des petites colonnes cannelées à chapiteaux corinthiens et tesselles de mosaïques sur le devant, figures en buste dans des encadrements polygonaux de marbre, consoles peintes qui semblent des corniches à lacunars, bandeaux végétaux voyants prenant naissance dans des canthares soutenus par des télamons, mascarons cachés dans la verdure, petits encadrements plats ornés de croix rouges: l'en-

Cimabue, La Mort de la Vierge. Dans cette composition monumentale et hautement émotive, la disposition des personnages, en un rapport étroit avec l'architecture peinte, crée l'illusion d'un espace à trois dimensions. Elle est inspirée des mosaïques paléochrétiennes que Cimabue eut l'occasion d'étudier pendant son séjour à Rome en 1272. L'état de conservation précaire de ce cycle ne permet plus de nos jours d'apprécier le style classique et solennel qui fit de Cimabue le maître de la peinture byzantine et que Dante oppose à la peinture "moderne" de Giotto.

semble de ces motifs constitua une grille décorative homogène conférant de la véracité aux épisodes représentés, en un effet de monumentalité grandiose comme jamais l'on en avait vu en Occident depuis le déclin de la civilisation antique. Et ce répertoire sera systématiquement utilisé dans toute la basilique supérieure par les différents artistes qui travailleront au cycle, de manière à obtenir l'ensemble unitaire voulu par les religieux d'Assise.

Pour en venir au programme iconographique, toute la tribune est consacrée à la célébration de la Vierge. Les fêtes de la Conception de la Vierge et de la Visitation furent instituées par le Chapitre général de Pise en 1263, mais ce fut le chapitre général suivant, celui d'Assise en 1269, qui mit particulièrement l'accent sur le culte de Marie, obligeant les frères rassemblés et libres d'engagements à donner une messe en son honneur; en outre, il étendit l'obligation à tous les samedis pour l'ensemble de la communauté. Les fresques des lunettes de part et d'autre

Cimabue, La Résurrection de la Vierge et son Assomption. Avec cette fresque Cimabue reprend l'iconographie byzantine de l'Assomption du Christ dans une mandorle que l'on retrouve dans maintes peintures ombriennes et toscanes de la fin du XIIIe siècle.

de la fenêtre ternée représentent la Conception de la Vierge: *L'Annonce à Joachim, L'Offrande de Joachim au temple, La Naissance de la Vierge* et *Le Mariage de la Vierge*. Sous la galerie est représentée, à gauche, l'histoire *post mortem* de la Vierge: *La Vierge faisant ses adieux aux apôtres, La Mort de la Vierge, La Résurrection de la Vierge et son Assomption sur le trône du Christ*.

La décoration du transept sud est consacrée aux anges, un thème fort répandu dans l'art roman en raison de ses implications eschatologiques; en effet l'autel est consacré à l'archange saint Michel. L'on y voit un grand nombre d'anges entiers ou en buste, tandis que la lunette située à l'ouest représente les *Trois archanges triomphant de la Bête de l'Apocalypse*. Sous la galerie se succèdent des épi-

Cimabue, Le Christ et la Vierge en trône. C'est l'une des plus extraordinaires créations de Cimabue et l'un des chefs-d'œuvre absolus de la peinture médiévale. Le Christ est représenté bénissant un groupe de frères mineurs agenouillés au pied du trône, avec la Vierge intercédant en leur faveur. La dévotion que saint François avait pour la Vierge se perpétua chez ses disciples.

sodes de l'Apocalypse, à partir de l'autel où se trouve la fresque de la *Crucifixion: La Vision du trône et le Livre aux sept sceaux, La Vision des anges aux quatre coins de la terre, Le Christ de l'Apocalypse, La Chute de Babylone, L'Ange montrant à Jean la Jérusalem céleste.*

La décoration du transept nord est consacrée aux apôtres Pierre et Paul et reproduit les fresques qui existaient autrefois dans le vestibule de Saint-Pierre du Vatican. Les épisodes se succèdent dans le sens des aiguilles d'une montre, toujours à partir de la tribune: *Saint Pierre guérissant le boiteux, Saint Pierre guérissant les infirmes et libérant les possédés du démon, La Chute de Simon le Magicien, Le Martyre de saint Pierre, Le Martyre de saint Paul;* au-dessus de l'autel l'on voit à nouveau la *Crucifixion.*

Cimabue, La Vision du trône et le Livre aux sept sceaux. C'est le premier épisode du célèbre cycle de l'Apocalypse que l'artiste exécuta dans le transept sud. L'iconographie adoptée ici s'écarte des précédents occidentaux du Jugement dernier - avec le Christ juge dans le haut parmi les apôtres et les patriarches, le Paradis au centre et en dessous la résurrection des corps et l'Enfer - pour reprendre la lecture du missel romain le jour de la fête de l'archange saint Michel, auquel l'autel est dédié.

Cimabue, La Vision des anges aux quatre coins de la Terre. Cet épisode, fidèle au texte de l'Apocalypse de Jean, représente quatre anges devant une ville crénelée, retenant les vents qui proviennent des quatre coins de la Terre. Dans le haut, désormais pratiquement effacée, la vision de l'ange portant le sceau du Dieu vivant.

Cimabue, Le Christ de l'Apocalypse. La vision du trône de Dieu entouré de sept anges jouant de la trompette et de l'ange brûlant de l'encens devant l'autel apparaît à la multitude des élus, dont beaucoup portent le froc des frères mineurs. Les thèmes de l'Apocalypse firent l'objet de maintes discussions au sein de l'ordre, qui adopta certaines des prophéties de Joachim de Flore mais se heurta à l'opposition de l'Eglise. En 1279, Nicolas III condamna les abus des joachimites les plus zélés et intégra définitivement l'ordre dans l'institution ecclésiastique.

Cimabue, La Chute de Babylone. A l'annonce de l'ange qui traverse le ciel, les édifices s'écroulent tandis que des esprits immondes et des oiseaux fantastiques s'enfuient des portes grandes ouvertes de la ville. C'est l'une des œuvres les plus célèbres de Cimabue en raison de la vision tumultueuse des édifices s'effondrant comme un château de cartes en une composition cubiste, et du petit théâtre surréaliste des animaux au premier plan.

En haut: Cimabue, Saint Jean et l'ange. Les épisodes de l'Apocalypse se terminent par L'Ange montrant à l'apôtre Jean la Jérusalem céleste. Le très mauvais état de conservation de ces fresques est dû à la chute d'un grand nombre de finitions à sec et à l'oxydation des blancs d'argent.

En bas: Cimabue, Saint Pierre guérissant le boiteux. C'est le premier des cinq épisodes inspirés par la vie des apôtres Pierre et Paul, auxquels est consacrée la partie inférieure du transept nord. Deux des épisodes, tirés des "Actes des Apôtres", racontent des guérisons miraculeuses accomplies par saint Pierre.

Cimabue, Saint Pierre guérit les infirmes et libère du démon ceux qui en sont possédés. Ces fresques complètent le cycle apostolique des vitraux de la nef, dans lesquels Pierre et Paul avaient fait place à François d'Assise et à Antoine de Padoue.

L'autel du transept était problement dédié aux apôtres et aux saints, en hommage aux deux saints protecteurs de l'Église de Rome.

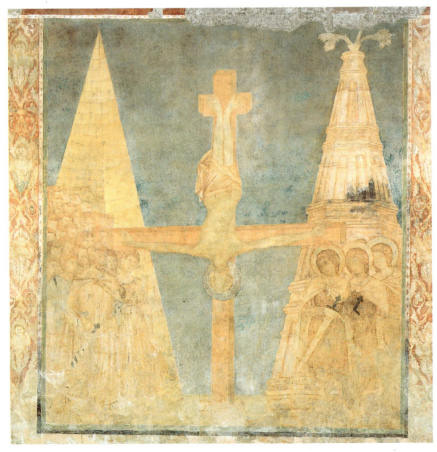

40

Page 40, en haut: Cimabue, La Chute de Simon le Magicien. Cet épisode, décrit dans les Actes apocryphes de Pierre et dans la "Légende dorée" de Jacques de Voragine, faisait partie des épisodes apostoliques qui ornaient le porche de la vieille basilique du Vatican et qui nous sont connus grâce à certaines copies dessinées au XVIIe siècle.

Page 40, en bas: Cimabue, Le Martyre de saint Pierre. Cette scène, dans laquelle les architectures jouent un rôle de premier plan, se situe entre deux monuments de la Rome antique: la pyramide de Caïus Cestius et la "Meta Romuli".

Ci-dessous. Cimabue, Le Martyre de saint Paul.

42

Page 42, en haut: Cimabue, la Crucifixion du transept sud (ci-dessous, un détail) et la Crucifixion du transept nord (en bas). De ces deux monumentales Crucifixions, la première est peut-être la représentation la plus tragique de la Passion du Christ de l'art médiéval en Occident; il s'agit du moment où, avant de mourir, le Christ confie Marie à son disciple préféré, Jean.

L'autre Crucifixion se déroule un instant après la mort du Christ, lorsque le soldat enfonce le coup de lance dans son flanc et que la Vierge s'évanouit.

Page 44, vue de la voûte du transept nord de l'église inférieure.

Les premières transformations dans l'église inférieure

Dans le transept nord de l'église inférieure, sur le mur vers l'est, est peinte une *Vierge avec le Divin Enfant bénissant*. Elle est assise sur un trône de bois soutenu par quatre anges et sur sa gauche – à droite pour le spectateur – est représenté saint François, pieds nus et serrant contre lui un livre fermé. L'on ignore si un second saint se trouvait à sa droite, ou si cette représentation était interrompue par la présence d'une fenêtre éclairant le transept et à l'ébrasement orné de fresques décoratives du "Maître de Saint François", fenêtre visible dans le vestibule conduisant à la chapelle de Sainte Marie Madeleine et qui devait être symétrique à l'ouverture du mur opposé. Sous cette *Vierge en majesté*, au-dessus d'un autel, sont représentés cinq bienheureux franciscains en adoration. L'autel en question ne fut consacré à l'Immaculée Conception qu'après 1476, sous le pontificat du franciscain Sixte IV, mais il est probable qu'il fut consacré à la Vierge Marie dès les premières décennies du XIIIe siècle, époque où la dévotion de la Mère du Christ connut un immense retentissement au sein de l'ordre, à en juger par le grand nombre de retables représentant la Vierge placés dans des églises franciscaines; ceux-ci vinrent obscurcir le succès qu'à une époque plus ancienne avaient obtenu les portraits de saint François, et ne pouvaient manquer d'être influencés par cet important exemplaire de l'église-mère de l'ordre.

Bien que cette *Vierge en majesté* soit largement repeinte, son attribution à Cimabue n'a jamais été remise en question; les cinq bienheureux franciscains au-dessus de l'autel sont en revanche l'œuvre de Pietro Lorenzetti. La fresque de Cimabue fut épargnée lors des réfections de la décoration du transept au cours du XIVe siècle, et nous

Page 45: Cimabue, Vierge en majesté. La Vierge à l'Enfant, assise sur un trône que des anges ailés transportent au ciel, fut peinte à fresque au-dessus de l'autel consacré à la Vierge dans le transept nord, à côté de la tombe du saint. La présence de la tombe est rappelée par le célèbre portrait de saint François sur la droite de la représentation.

Page 46: Rubeus, monument funéraire de Jean de Brienne. Cette œuvre se trouve dans le vestibule de l'église inférieure et fut sculptée dans les dernières décennies du XIIIe siècle par un artiste gothique d'au-delà des Alpes, probablement ce Rubeus qui travailla à la Fontana Maggiore de Pérouse (1277).

ne pouvons qu'en supposer la raison, à savoir la beauté de ce chef-d'œuvre qui servit de modèle aux plus grands peintres de l'époque, comme Duccio di Buoninsegna pour le *Retable Rucellai*.

L'étude des testaments dictés à Assise dans la seconde moitié du XIIIe siècle nous apprend combien grand était le désir de se faire ensevelir à côté de la tombe de saint François. Et même un pape, Martin IV, exprima de son vivant le désir d'être enterré à Assise; mais il mourut à Pérouse en 1285, et les Pérugins refusèrent d'accorder à Assise, leur ennemie jurée, la dépouille mortelle du pape qu'ils ensevelirent avec les plus grands honneurs dans leur cathédrale.

C'est du pontificat de Martin IV (1281-1285) que date le grand monument funéraire d'un empereur de Constantinople, muré contre le mur opposé à la nef. Il consiste en un haut édicule gothique reposant sur deux petits piliers de style gothique rayonnant. La base est ornée d'écussons frappés de la croix de l'ordre des chevaliers de Saint-Jean-de-Jérusalem et de statuettes représentant des apôtres. Deux anges écartent les rideaux de la chambre ardente, faisant apparaître le défunt allongé sur un lit. Au-dessus, deux groupes asymétriques représentent à droite une *Vierge à l'Enfant* et à gauche un personnage masculin couronné – le défunt – et assis, les jambes croisées à la façon des souverains français, sur un faldistoire soutenu par un lion en marche. Il s'agit là de Jean de Brienne, empereur de Constantinople et roi de Jérusalem, qui fut l'ami personnel de saint François et un bienfaiteur de la basilique d'Assise. Il fut enseveli dans l'église infé-

rieure et sa tombe enregistrée dans la liste des sépultures établie en 1509 par le sacristain Galeotto. L'empereur Jean fit l'objet d'une véritable vénération parmi les frères mineurs: en 1452, Benozzo Gozzoli fit son portrait vêtu de la bure des franciscains, et c'est ainsi vêtu qu'il est représenté dans les stalles du chœur de Domenico Indivini dans l'église supérieure (1501).

L'aspect incongru du monument s'explique par le fait qu'il provient d'un autre endroit de l'église. Peut-être se trouvait-il à l'actuel emplacement de la chapelle de Sainte Catherine, face à l'entrée, ou contre l'une des deux extrémités du transept, en vue de l'autel du saint qu'il avait honoré de riches dons lors de son enterrement. Il fut transporté à son emplacement actuel, masquant une décoration du XIIIe siècle, lorsque les murs furent percés pour la construction des chapelles secondaires et que le jubé à l'extrémité de la nef fut abattu. En l'absence de tout document, cette hypothèse est étayée par le style des sculptures, qui rappellent les expressions pleines de vie d'une architrave de bronze gothique au-dessus du portail du Vescovado de la cathédrale d'Orvieto (1290 environ) portant la signature de Rubeus, l'artiste qui a également signé le bassin de bronze de la Fontana Maggiore de Pérouse (1277) et modelé les grandes statues de bronze du Palais des Prieurs de Pérouse représentant un *Griffon* et un *Lion* (1274). Il s'agit d'un artiste remarquable, probablement d'origine transalpine, provenant de l'entourage international haut en couleur de la curie pontificale dans la seconde partie du XIIIe siècle, entourage qui comptait un grand nombre de prélats français.

La nef de l'église supérieure

L'on peut se demander si le programme iconographique conçu durant le pontificat de Nicolas III prévoyait ou non l'extension de la décoration aux murs de la nef de l'église supérieure, et donc si l'artiste florentin, ayant quitté Assise pour Florence où l'on revêtait de mosaïques la coupole du baptistère San Giovanni, confia à de fidèles collaborateurs le soin de continuer son ouvrage. Il semblerait au contraire que les travaux de décoration furent interrompus pendant plusieurs années. C'est en effet en 1281 que venait à échéance le privilège papal autorisant le procureur du Saint Couvent à utiliser les aumônes récoltées dans l'église pour décorer l'édifice, privilège accordé en 1253 par Innocent IV pour une durée de vingt-cinq ans et renouvelé pour trente ans par Clément IV en 1266. Martin IV et Honorius IV ne confirmèrent pas le privilège, peut-être en partie à cause de la situation interne difficile de l'ordre; mais voici qu'en février 1288, après un conclave tourmenté, fut élu l'ancien général des mineurs Gerolamo Masci da Ascoli, le premier franciscain à monter sur le trône papal, qui prit le nom de Nicolas IV en hommage à Nicolas III Orsini qui l'avait fait cardinal.

Deux jours à peine après son élection, Nicolas IV envoya à l'église d'Assise de nombreux parements sacrés de différentes couleurs, des vases d'argent et une somme d'argent. Le 30 avril, il communiqua au ministre provincial et au gardien de San Francesco l'interdiction absolue à tous les ordres religieux des deux sexes, mendiants ou non, d'acheter ou de construire des églises, des monastères ou autres lieux saints à l'intérieur de la ville et dans ses environs immédiats, ce pour favoriser l'afflux d'aumônes en faveur du Saint Couvent. Le 14 mai, le souverain pontife confirma aux frères d'Assise le privilège de chanter la messe en période d'interdiction. Le jour suivant, il ordonna au ministre général, au ministre provincial et au gardien de San Francesco de conserver l'argent offert par les fidèles aux autels de Saint François et de Sainte Marie de la Portioncule, et de le dépenser exclusivement pour la conservation et la décoration de l'église et la subsistance des frères; et ce parce que la ville d'Assise était trop petite pour pouvoir faire face aux besoins de sa communauté religieuse. Ces mesures eurent des conséquences importantes sur le développement architectural de la ville, dont la croissance se voyait limitée aux ensembles conventuels de San Francesco et de Santa Chiara, et sur l'aspect de l'église-mère de l'ordre, qui ne connut pas de limite à ses dépenses d'agrandissement et d'entretien.

Pendant les années de son pontificat (1288-1292), Nicolas IV, reconnaissant à l'église San Francesco du souvenir qu'il conservait de ses séjours à Assise et désireux d'attirer davantage de visiteurs vers la tombe du saint, accorda de nombreuses indulgences pour permettre de mener à bien l'ouvrage entrepris. Il envoya personnellement des dons précieux, entre autres un drap brodé d'une représentation en or de saint François et orné de nombreuses perles et pierres précieuses, destiné à l'autel de l'église inférieure et perdu à l'époque de l'occupation napoléonienne. Dans le Trésor du couvent est encore conservé un splendide calice en argent doré portant le nom du souverain pontife et la signature de l'orfèvre siennois Guccio di Mannaia. C'est un ouvrage d'orfèvrerie d'une importance extraordinaire pour l'utilisation qui y est faite de l'émail translucide – l'exemple le plus ancien que l'on connaisse au sud des Alpes –, et pour la connaissance des plus récentes réalisations de l'art gothique à Paris dont l'artiste fait preuve. Ce calice constitua un précédent immédiat de l'art de Duccio di Buoninsegna, de Simone Martini et de Pietro Lorenzetti, et le pape lui-même fut sans doute conscient de sa beauté puisqu'il y fit apposer son propre portrait entre les figures de saints debout.

L'on peut raisonnablement supposer que les travaux qui tenaient tant à cœur à Nicolas IV étaient ceux de la décoration iconographique de l'église supérieure. Contrairement aux fresques du transept, marquées aux armoiries de Clément IV et de Nicolas III, la nef ne porte ni signature ni écusson et, si l'on exclut la date 1296 inscrite dans l'enduit à la hauteur de la galerie, dans le vestibule entre la nef et le transept nord, l'on ne dispose d'aucun élément pour établir la date à laquelle la décoration fut commencée. La seule piste nous est offerte par la philologie moderne, qui a reconnu dans les fresques au-dessus de la galerie, contre la croisée du transept, le style incomparable de Jacopo Torriti; ce peintre franciscain, cher à Nicolas IV, orna de mosaïques pour ce pontife la tribune de l'abside de Saint-Jean-de-Latran (1291) et de Sainte-Marie-Majeure (1296) à Rome. Les fresques d'Assise sont antérieures aux mosaïques de Rome, comme l'atteste le caractère plus archaïque de la composition spatiale, et rien ne s'oppose à une datation proche de 1288.

Page 48: Guccio di Mannaia, calice en argent doré, Trésor du Saint Couvent.

Page 49: vue de la nef de l'église supérieure.

Ci-dessous et page ci-contre: travée de la nef de gauche et intérieur de la façade de l'église supérieure. Ces deux images montrent de façon évidente la richesse et la complexité du programme décoratif de la nef tout entière. Sur le registre supérieur l'on peut voir en ordre chronologique les épisodes de

l'Ancien et du Nouveau Testament, et sur le registre inférieur les épisodes de la vie de saint François. Mais au sein de chaque travée l'on peut aussi se livrer à une lecture en sens vertical, en un rapport précis entre les actes de saint François et l'exemple du Christ et des patriarches.

Sur ces deux pages: Jacopo Torriti, voûte de la Déesis; Maître d'Isaac, voûte des Docteurs. Les fresques des deux voûtes résument le programme iconographique des murs situés en dessous. L'une célèbre l'Eglise triomphante dans les médaillons contenant le Christ bénissant, la Vierge Marie, saint François et saint Jean-Baptiste flanqués par des anges; et l'autre l'Eglise militante, appelée à préparer le Règne de Dieu sur terre à travers les œuvres de Jérôme, Ambroise, Grégoire et Augustin.

Jacopo Torriti, La Création du monde. *Avec cette scène commencent les épisodes bibliques de la nef. D'un point de vue iconographique, ceux-ci sont étroitement liés aux fresques paléochrétiennes que l'on pouvait autrefois voir à l'intérieur de la basilique du Vatican. L'influence de ces modèles romains se retrouve du reste dans la quasi totalité des peintures murales à thème biblique exécutées au Moyen Age dans les régions d'Italie centrale.*

Jacopo Torriti, La Création d'Eve.

Jacopo Torriti, La Construction de l'arche. *Cet épisode illustre parfaitement le lien qui unit les épisodes bibliques aux épisodes de la vie de saint François situés en dessous et dus à Giotto. En effet, tout comme Dieu sauvant Noé du fléau du déluge fit avec lui un pacte d'alliance, de même lorsqu'il invita François à devenir son disciple et à prendre sa croix il lui confia une mission spirituelle.*

La décoration de la nef traite du thème de la conformité de François à la vie du Christ, thème qui dans l'église inférieure est simplement illustré par la confrontation entre les épisodes marquants de la biographie du saint et de la Passion du Christ, et qui ici s'étend à toute la parabole évangélique et au livre de la Genèse. Dans le clair étage (la partie supérieure des murs délimitée par le profil des voûtes) ont trouvé place au nord des épisodes de l'Ancien Testament et au sud des épisodes du Nouveau Testament; sous le chemin de ronde est peinte la *Légende de saint François*. La vocation typologique de saint François – c'est-à-dire sa recherche de modèles moraux conformes à la vie du Christ – s'étend à l'histoire de la création et aux vies des patriarches. Identifié par saint Bonaventure avec l'ange du sixième sceau marqué par le signe du Dieu vivant, le personnage de saint François entre dans l'histoire du salut, dans l'attente du huitième jour, lorsqu'à la seconde venue du Christ les morts ressusciteront et seront jugés. La clef de lecture de tout le cycle se trouve dans les médaillons de la troisième croisée, où saint François est associé au rôle d'intermédiaire entre Dieu et l'humanité, rôle que la Bible réserve à la Vierge et à saint Jean-Baptiste.

Ces thèmes font leur apparition dans trois sermons sur saint François prononcés par Matteo d'Acquasparta; conservés à l'état de manuscrits dans certains codex de la bibliothèque d'Assise, ceux-ci datent d'une époque proche de celle des fresques. En particulier dans le deuxième sermon, consacré à la création de l'homme à l'image de Dieu, ce grand homme de culture franciscaine utilise des comparaisons tirées des techniques figuratives – céramique, sculpture, peinture, gravure, art de fondre les métaux – qui révèlent un fin connaisseur des différents arts, comme le confirme d'ailleurs son splendide sceau de cardinal, gravé par Guccio di Mannaia. A mon avis, compte tenu de ce que nous avons dit, de nombreux éléments incitent à attribuer à Matteo d'Acquasparta la conception du programme iconographique de la nef. Il fut général de l'ordre pendant deux ans, de 1287 à 1289, et c'est à lui qu'est adressée la célèbre lettre par laquelle Nicolas IV autorise la récolte de fonds pour la décoration. Lecteur à l'Université de Paris, il fut le conti-

"Maître de l'Arrestation du Christ", Nativité. Avec cet épisode, situé dans la deuxième travée, fait son apparition un peintre anonyme connu parmi les spécialistes sous le pseudonyme de "Maître de l'Arrestation du Christ". L'on ignore son origine mais l'on sait avec certitude qu'il remplaça Jacopo Torriti à la direction des travaux, travaillant en un rapport d'égalité avec le grand "Maître d'Isaac". L'on retrouve sa main dans deux travées.

nuateur le plus fidèle et cohérent de la pensée de Bonaventure de Bagnoregio, de la *Legenda maior* dont sont tirés les *tituli* de la vie de saint François. Et Dante lui-même voyait en lui le champion des conventuels contre les spirituels représentés par Ubertino da Casale, c'est-à-dire par le plus important représentant de la tendance modérée au sein de l'ordre. Et enfin, Matteo d'Acquasparta prodigua ses dons à l'église d'Assise, lui léguant en 1287 la moitié de sa richissime bibliothèque privée, différents parements sacrés et de l'orfèvrerie, dans la tradition des grands bienfaiteurs de San Francesco, de Grégoire IX à Robert d'Anjou.

Passons au cycle décoratif: chaque travée du clair étage est partagée en deux par une grande fenêtre et contient quatre épisodes disposés sur deux niveaux. Les épisodes se lisent d'ouest en est, en commençant par le registre supérieur et en revenant au point de départ du registre inférieur. Les épisodes de la vie de saint François placés sous la galerie sont disposés sur un seul niveau et se lisent d'ouest en est sur le mur nord, ensuite les deux épisodes du mur de façade, puis en continuant sur le mur sud, cette fois d'est en ouest. Cette succession a une signification symbolique évidente. Dans la conception chrétienne du temps et de l'espace, l'orientation d'une église ne suit pas une logique topographique mais se doit d'obéir au dessein divin de l'histoire. Dans l'exégèse de saint Bonaventure que repropose Matteo d'Acquasparta, saint François est l'ange s'élevant depuis l'orient et portant le signe du Dieu vivant (*Apocalypse* 7, 2). Son existence terrestre suit un parcours circulaire, symbole de perfection et de retour au Père.

L'Ancien Testament, représenté sur le mur nord, commence dans le registre supérieur avec les épisodes de la Création: *Création du monde, Création d'Adam, Création d'Eve, Péché originel, Adam et Eve chassés du Paradis terrestre, Le Travail des premiers hommes, Le Sacrifice de Caïn et Abel, Caïn tue Abel*. Le registre inférieur est consacré à quatre patriarches bibliques, Noé, Abraham, Jacob et Joseph: *La Construction de l'arche, L'Entrée dans l'arche de Noé et des animaux, Le Sacrifice d'Isaac, La Visite des anges à Abraham, Isaac bénissant Jacob, Esaü face à Isaac, Joseph jeté dans le puits par ses frères, Joseph se fait reconnaître par ses frères en Egypte*.

Le Nouveau Testament, représenté sur le mur sud, commence dans le registre supérieur par les épisodes de l'enfance du Christ: *Annonciation, Visitation, Nativité, Adoration des Mages, Présentation de Jésus au temple, Baptême de Jésus*. Le registre inférieur est consacré à la vie publique du Christ et à sa Passion: *Les Noces de Cana, La Résurrection de Lazare, L'Arrestation du Christ au jardin des Oliviers, Le Christ devant Pilate, La Montée au Calvaire, La Crucifixion, La Lamentation sur le Christ mort, Les Saintes femmes au tombeau*. Sur le mur intérieur de la façade sont représentés, au sud, *L'Ascension du Christ* et un médaillon avec *Saint Pierre* et, au nord, la *Pentecôte* et un médaillon avec *Saint Paul*.

Le programme iconographique continue dans les croisées des voûtes, à commencer par la fresque des *Quatre évangélistes* de Cimabue. Dans la voûte de la deuxième travée, à partir du transept, est représentée la *Déesis*: dans quatre médaillons entourés d'anges, une allusion au Royaume des cieux, sont représentés *Le Christ bénissant, La Vierge Marie* et *Saint Jean-Baptiste* intercédant auprès de lui, et *Saint François alter Christus*. Dans la croisée proche de la façade se trouvent les quatre Docteurs de l'Eglise: dans le sens des aiguilles d'une montre, à partir de l'est, *Saint Jérôme, Saint Ambroise, Saint Grégoire* et *Saint Augustin*, chacun occupé à dicter ses écrits à des secrétaires. Dans les autres croisées est peint un ciel étoilé.

Il est évident qu'une réalisation aussi complexe n'a pu être achevée dans les quatre années du pontificat de Nicolas IV. Elle fut exécutée par plusieurs artistes actifs à des époques différentes, sur la base d'un programme établi à l'avance et sous le contrôle vigilant des religieux. Un

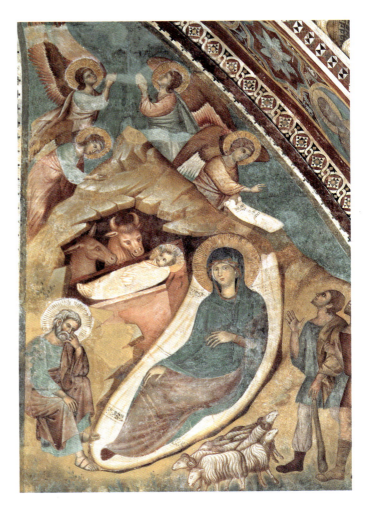

En haut: Collaborateur romain de Jacopo Torriti, Les Noces de Cana.

En bas: Collaborateur romain du "Maître d'Isaac": La Pentecôte.

élément que l'on retrouve dans toute l'église est l'ornementation entourant les scènes individuelles, qui établit l'illusion d'un rapport entre peinture et architecture et masque les différences entre les différents artistes.

La réalisation des fresques commença par le clair étage de la travée attenante à la croisée et continua, travée par travée, tout d'abord dans la voûte puis sur les murs se faisant face. Pour ne pas encombrer totalement la nef et permettre les offices quotidiens, les échafaudages des peintres occupaient l'espace d'une travée et étaient démontés à la fin de l'exécution de chaque zone. Ce n'est que lorsque la partie supérieure des murs fut terminée que l'on entama les fresques retraçant la vie de saint François, en commençant par le deuxième épisode du mur nord et en continuant dans le sens de la lecture. Le premier épisode du cycle fut par conséquent le dernier à être exécuté.

Il convient de souligner le rôle important que l'évolution technique joua dans cette réalisation. A une époque où la peinture continuait à être considérée comme un art mécanique, Cimabue ne connaissait pas encore la "bonne fresque", à savoir la peinture faite de pigments terreux dissous dans l'eau et appliquée sur l'enduit frais et encore humide, de manière à ce que la couleur liquide soit absorbée par le fond en un lien de cohésion avec celui-ci, grâce à la cristallisation de la chaux mélangée à du sable, combinée avec les gaz carbonés de l'air. Pour obtenir ce résultat, le peintre doit étaler sur le crépi – une couche préparatoire nécessaire lorsque le support du mur présente une surface non homogène – une mince couche d'enduit qui devra rester humide pendant toute l'opération de coloriage et que l'on appelle *giornata* ou journée parce que sa surface correspondait environ à une séance d'une journée de travail. Cimabue ne peignait pas à "bonne fresque" mais sur un mur déjà sec, sur un enduit dont la surface totale était celle de son échafaudage. Dans ce cas, l'adhésion nécessaire de la couleur sur l'enduit était obtenue en mélangeant les pigments à une colle, ce qui donnait un résultat moins durable. La technique consistant à partager la fresque en plusieurs *giornate* fit son apparition à Assise dans les peintures de la nef. Le détachement de certaines fresques, rendu possible par les techniques de restauration modernes, a également permis de retrouver la sinopia, à savoir le dessin préparatoire tracé sur le crépi et destiné à être recouvert, qui facilitait le travail du peintre.

Giorgio Vasari a reconnu dans toute la partie supérieure des murs la manière caractéristique de Cimabue, et ce jugement est resté incontesté jusqu'à Cavalcaselle, c'est-à-dire jusqu'à la naissance de la philologie moderne appliquée aux études d'histoire de l'art. La distinction entre des mains différentes pour ces fresques, qui pour-

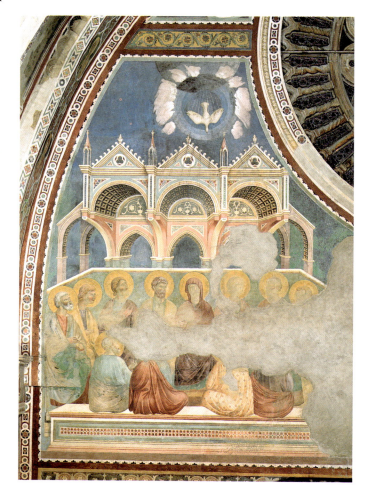

En haut: "Maître de l'Arrestation du Christ", L'Arrestation du Christ.

En bas: Giotto (?), L'Ascension du Christ.

rait sembler sans grand intérêt, a en revanche de l'importance car la décoration de l'église supérieure est l'unique monument artistique d'Italie qui permette de suivre de manière continue le passage d'une conception byzantine et immuable de l'histoire sainte, basée sur l'imitation de Dieu et encore personnifiée par Cimabue, à une vision gothique et réaliste inspirée par la nature, dont le maître incontesté sera l'artiste florentin Giotto. C'est ici, à Assise, que Giotto "traduisit l'art de peindre du grec en latin, et le transforma en un art moderne" (Cennino Cennini), mais pour obtenir un tel résultat il fallut le concours de deux écoles de peinture antagonistes, l'école florentine et l'école romaine, et surtout il fallut attendre que mûrisse une vision moins pessimiste de l'existence terrestre, largement alimentée par l'amour de saint François pour toutes les créatures de Dieu.

L'iconographie de la partie supérieure de la nef est inspirée par des cycles à présent perdus, qui autrefois se trouvaient dans les basiliques Saint-Pierre du Vatican et Saint-Paul-hors-les-Murs à Rome; il est donc naturel que pour garantir une reproduction fidèle de ces épisodes l'on ait invité à Assise des artistes romains, placés sous la direction du franciscain Jacopo Torriti. Ce dernier exécuta personnellement les deux premières travées du mur nord, les médaillons de la voûte représentant la *Déesis* et le registre supérieur de la troisième travée, avec *Adam et Eve chassés du Paradis terrestre*; pour les épisodes évangéliques du mur sud il fit appel à la collaboration d'artistes indépendants – une pratique d'atelier fort courante à l'époque si l'on prête foi aux aventures des peintres florentins Calandrino, Bruno et Buffalmacco que raconte Boccace –, parmi lesquels domine un artiste anonyme connu sous le nom de "Maître de l'Arrestation du Christ". Celui-ci travailla avec Torriti aux médaillons de la voûte et exécuta seul les épisodes de la vie du Christ dans la deuxième et la troisième travée. C'est alors que Torriti fut rappelé à Rome par Nicolas IV, qui lui confia la décoration de mosaïques de Saint-Jean-de-Latran, achevée en 1291; il fut remplacé par d'autres artistes dirigés par le remarquable peintre des deux épisodes de la vie d'Isaac, qui intervint également personnellement dans les représentations des Docteurs dans la voûte et laissa à de proches collaborateurs le soin d'achever la décoration des murs.

Si l'on peut penser que Jacopo Torriti fut choisi en sa qualité de frère mineur, sa présence à Assise dans le chantier le plus cosmopolite d'Italie confirme que Rome était devenu un grand centre d'art, un lieu de rencontre entre le rendu spatial de la peinture antique tel que l'attestent les mosaïques des basiliques paléochrétiennes, et les possibilités de dynamisme et d'expression du dessin gothique, qui conduirait à la naissance d'une peinture nouvelle basée sur l'exacte représentation tridimension-

60

Page 60: "Maître d'Isaac", Isaac chassant Esaü (en haut); Isaac bénissant Jacob (en bas). Dans ces deux épisodes l'on retrouve des personnages statuaires, à l'intérieur d'architectures réalistes. L'illusion de plasticité tridimensionnelle obtenue par le "Maître d'Isaac" a attiré l'intérêt des spécialistes sur ces scènes, diversement attribuées à Giotto jeune ou à un peintre romain, alter ego du sculpteur florentin Arnolfo di Cambio. Cette alternative entre école florentine et école romaine met en jeu la suprématie de l'une ou l'autre de celles-ci dans l'invention de la peinture "moderne" en Italie.

nelle de la réalité, selon des formes plastiques et monumentales. Un cas à part est celui du "Maître de l'Arrestation du Christ". Formé aux côtés de Cimabue, il collabora avec Torriti pour les saints de la voûte et, au départ de celui-ci pour Rome, hérita du rôle de maître d'œuvre, peignant personnellement de nombreuses scènes et collaborant avec d'autres artistes à l'exécution des scènes de la Passion et de l'intérieur de la façade. Malgré des efforts infructueux pour distinguer sa main dans des œuvres florentines ou romaines, le fait qu'il ait longuement travaillé dans la basilique d'Assise fait penser qu'il se forma sur le chantier de San Francesco en collaborant avec des maîtres venus de l'extérieur, avant d'obtenir un rôle à soi dans la décoration de la nef. Et ainsi se perpétuait la tradition de l'atelier interne du couvent, qui à l'époque du "Maître de Saint François" avait approvisionné en crucifix et en polyptyques les autres couvents de la province. Et ce n'est nullement un hasard s'il eut une grande influence sur les peintres ombriens.

Le cheminement vers un nouveau classicisme, à travers des formes composées rythmiquement, d'une plasticité évidente, est à son apogée dans les deux scènes d'Isaac; pour la première fois dans le panorama artistique occidental depuis l'effondrement de la civilisation païenne, l'on atteint des significations essentielles et, à travers des expressions dignes d'un maître ancien, une conception de la surface comme concrète et mesurable, avec des représentations à la consistance plastique. Sur ces murs l'on assiste à la conjonction de la statuaire d'Arnolfo di Cambio, évoquée par le charme étrusque du personnage d'Isaac, et des structures issues de l'imaginaire gothique qui amèneront un nouveau naturalisme, synthèse de l'espace et du volume. L'innovation d'une telle représentation ne pouvait passer inaperçue, et dès l'époque de Thode (1885) les scènes d'Isaac ont été indiquées comme le tournant le plus original de tout ce cycle décoratif qui annonce le réalisme des épisodes de la vie de saint François situés au-dessous et par conséquent la première manifestation artistique du jeune Giotto; c'est à cet artiste florentin qu'une solide tradition littéraire, à commencer par un célèbre vers de Dante, a attribué le mérite d'avoir donné un élan nouveau à l'art de la fin du Moyen Age.

Les fresques de la "Légende de saint François"

Le grandiose programme iconographique de l'église supérieure trouve son accomplissement dans les fresques de la partie inférieure de la nef, vingt-huit panneaux consacrés à la vie de saint François. Depuis le XIe siècle s'était diffusé en Occident l'usage de peindre des épisodes isolés de la vie ou des miracles d'un saint confesseur sur les murs de l'église où étaient conservées ses reliques ou dans laquelle il faisait l'objet d'une dévotion populaire particulière, mais jamais avant le cas d'Assise la narration n'avait atteint une telle qualité unitaire. Les fresques de la *Légende de saint François* constituèrent à l'époque un phénomène dans le domaine des arts figuratifs appliqués à la dévotion. Les nombreuses répliques exécutées à fresque ou sur bois pour les églises franciscaines des régions environnantes en confirmèrent la signification iconographique particulière – inspirée par la biographie officielle rédigée par saint Bonaventure –, une exaltation du saint fondateur et une propagande pour l'ordre, qui viendra progressivement s'adjoindre à la vie du Christ et des martyrs. Par esprit d'émulation, au XIVe, en particulier en Italie, un grand nombre de chapelles et d'églises accueillirent des cycles de fresques consacrés à la vie et aux miracles de saints ayant vécu à des époques récentes et objets de dévotion populaire, parfois de simples bienheureux qui ne furent jamais officiellement reconnus au terme d'un procès de canonisation.

Dans la préface de sa *Legenda maior*, saint Bonaventure explique les critères qu'il a suivis lors de la rédaction de la biographie de saint François: "En outre je n'ai pas toujours suivi l'ordre chronologique, afin d'éviter des confusions; je me suis plutôt efforcé d'observer une disposition davantage en mesure de mettre en valeur l'enchaînement des faits. Et donc j'ai cru devoir redistribuer sous des sujets différents plusieurs actes accomplis pendant un même laps de temps, ou encore réunir dans un même sujet des faits advenus à des époques différentes".

Et ce critère fut repris par le concepteur du programme iconographique, qui n'a pas ramené l'histoire du saint à une succession d'épisodes en ordre chronologique, mais a choisi d'exalter la conformité de la vie de François avec celle du Christ telle que la narrent les Evangiles, en un rappel constant des protagonistes des épisodes bibliques et évangéliques de la partie supérieure du mur.

Dans ce but, les murs ont été partagés par des encadrements en trompe-l'œil qui révolutionnent des solutions déjà en partie expérimentées dans la moitié supérieure de la nef. La largeur de chaque travée est occupée par trois épisodes de forme plus ou moins carrée; le soubassement est recouvert de tentures, sous une corniche moulurée qui semble soutenue par de petites consoles convergentes. Sur celles-ci reposent quatre colonnes torsadées soutenant une corniche à caissons, ornée de tesselles de mosaïques. Au-dessus de cette corniche sont peintes des consoles de pierre qui semblent soutenir la galerie de maçonnerie; leur inclinaison donne l'illusion qu'elles convergent vers la console centrale, la seule parfaitement frontale, en un curieux effet de perspective. Les fausses consoles peintes par Cimabue semblaient quant à elles divergentes à partir du centre. Le résultat est celui d'une colonnade à architrave, une sorte de scène de théâtre infinie qui enfonce les murs de l'église et laisse entrevoir la vie du saint sur fond de paysage ombrien. Lorsque l'idolâtrie hellénistique déclina au profit du christianisme, la nouvelle religion toléra la présence de représentations dans les églises – en dépit de la tradition iconoclaste du judaïsme –, en accentuant la spiritualité dans les portraits du Christ et des saints. La gestualité des personnages, pratiquement réduits à des stéréotypes, fut for-

Page 62: Giotto, Claire faisant ses adieux à la dépouille mortelle du saint dans San Damiano (XXIII), détail.

Giotto, groupe de trois épisodes de la "Légende de saint François". La Légende de saint François fut le fruit de la collaboration entre un grand homme de lettres et un peintre à l'immense talent. Le premier, Matteo d'Acquasparta, décida des épisodes biographiques et de leur disposition trois par trois selon une règle de rhétorique. Le peintre conçut les encadrements en trompe-l'œil, adaptant aux murs de l'église une solution qu'il avait probablement eu l'occasion de voir dans des édifices paléochrétiens de Rome.

Plan du cycle de Giotto représentant la "Légende de saint François" dans l'église supérieure.

tement conditionnée par la liturgie et libérée de l'étude de l'anatomie et de l'imitation de la nature. A Assise, cette situation est encore évidente dans l'œuvre de Cimabue. Dans la première moitié du XIIIe siècle, l'admiration que suscitaient les sculptures de l'Antiquité, jointe à un intérêt nouveau pour l'apparence des phénomènes naturels enseignée par la philosophie scolastique, donna naissance, sur les façades de Chartres et de Reims, à un phénomène pré-Renaissance. Vers le milieu du siècle, le "Maître du Saint Joseph de Reims" et les sculpteurs de la Sainte-Chapelle de Paris ajoutèrent aux proportions classiques une grâce plus accentuée et une expressivité pleine de vie. La statuaire se libéra progressivement de sa condition de haut-relief appliqué à l'architecture et acquit dimension et réalisme, transformant l'entrée des cathédrales en une scène de théâtre. Ce phénomène fut à son apogée dans le chœur occidental de la cathédrale de Naumburg, à l'intérieur duquel les comtes de Meissen, fondateurs de l'église, évoluent librement dans un espace ouvert, jouant leur propre rôle.

L'avènement d'un réalisme gothique dans la péninsule italienne fut annoncé par Frédéric II de Souabe, qui dans son traité de fauconnerie déclara vouloir "représenter tel quel ce qui existe" et dissémina son royaume de portraits de lui-même en empereur latin. Il trouva un disciple enthousiaste en Giovanni Pisano, qui construisit la façade de la cathédrale de Sienne en forme de théâtre peuplé de monumentales statues de prophètes; mais le réalisme tarda à trouver une application en peinture en raison de la poussée du byzantinisme en Italie après la conquête de Constantinople lors de la IVe croisade (1204).

Le passage d'un art empreint de la vérité de la foi à un autre basé sur l'imitation de la nature eut lieu à Assise sur les murs de l'église San Francesco, où pour la première fois un maître génial se mesura avec la vie d'un homme moderne, le représentant dans le cadre de lieux familiers et recherchant une apparence de vérité.

Le réalisme que de nos jours l'on imputerait à l'utilisation d'expédients théâtraux trouva effectivement un soutien dans les premières manifestations de théâtre religieux, se développant en Ombrie à partir du chant des laudes des disciplinants et de la prédication des frères mineurs. Dans ses prédications, François aimait introduire de véritables coups de théâtre. Un jour, à Assise, il rassembla le peuple sur la place et, lorsqu'il eût terminé sa prédication, demanda aux gens de ne pas s'en aller. Il entra alors dans l'église San Rufino et, ayant enlevé sa tunique, "ordonna à frère Pietro de le traîner ainsi nu devant le peuple, avec la corde qu'il avait au cou. Il ordonna à un autre frère de prendre une écuelle pleine de cendres, de monter sur l'estrade depuis laquelle il avait prédit et de la lui répandre sur la tête".

Dans les années que dura l'exécution de la *Légende de saint François*, les *Méditations sur la vie du Christ* connurent un grand succès: le narrateur y exhorte continuellement le lecteur à "regarder" et à "voir" les évènements

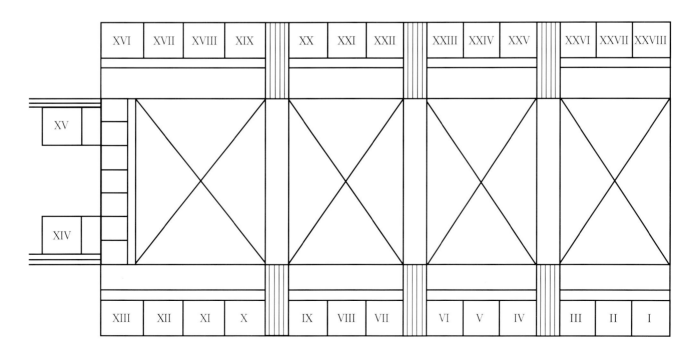

des Saintes Ecritures et à "éprouver de la compassion" pour la Passion de Notre-Seigneur. De même l'exhortation à la pénitence de saint François est rendue actuelle par le caractère de nouveauté du saint, et les épisodes de sa vie ne sont pas envahis des brumes qui accompagnent des histoires passées, ils ne se déroulent pas en des lieux exotiques de l'hagiographie médiévale mais dans les rues mêmes d'Assise et dans le paysage ombrien, parmi des visages familiers et des problèmes de tous les jours. C'est cette adhésion au théâtre de la vie qui constitue toute la nouveauté de la *Légende de saint François*. Les conventions iconographiques sont réduites à néant par le manque de précédents canoniques, les épisodes sont conçus comme un *continuum* au-delà des interruptions des colonnes torsadés, ils mettent en scène les protagonistes sur de petites estrades improvisées sur les places de la ville, la gestualité est théâtralement amplifiée, les mimiques chargées. Ce cycle narratif est présenté comme l'illustration officielle de la vie et des miracles du saint voulue par la partie modérée de l'ordre et avec l'approbation de la curie romaine, pour faciliter la divulgation du message franciscain aux foules de pèlerins.

Suivant le schéma d'une prédication, la vie du saint se déroule en un rythme ternaire, scandé par les architectures peintes qui dans chaque travée proposent un thème de méditation. Les épisodes du mur nord illustrent l'analogie de François avec les patriarches. Le premier groupe de trois épisodes commence par *François honoré par un homme simple* (I), continue avec *Le Don du manteau à un pauvre* (II) et se termine par *La Vision du palais rempli d'armes* (III): le présage des futurs exploits du jeune homme passe à travers le miséricordieux renoncement aux gloires terrestres et se concrétise dans la promesse de la récompense divine. Le patriarche est Noé, sauvé du déluge par sa foi en Dieu.

Le deuxième groupe compte *La Prière devant le Crucifix dans San Damiano* (IV), *Le Renoncement aux biens terrestres* (V) et *Le Songe d'Innocent III* (VI); le Christ invite François à restaurer l'édifice en ruines, mission qui passe par le sacrifice de ses intérêts terrestres et se concrétise par la reconnaissance de l'action du saint en faveur de l'Eglise. Le patriarche est Abraham, qui fit avec Dieu un pacte d'alliance.

Le troisième groupe de représentations commence par *La Confirmation de la règle* (VII), continue avec *La Vision de François transporté sur un char de feu* (VIII) et se termine par *La Vision du trône destiné à François dans le ciel* (IX): la bénédiction qu'Innocent III donne à son bien-aimé François fait du saint le nouvel Elie venu racheter le monde et annonce sa gloire céleste. Le patriarche est Jacob, qui obtint de son père Isaac la première place dans l'ordre de primogéniture.

Le rythme change dans la travée à l'entrée qui, parce qu'elle est plus large, est divisée en quatre épisodes. Elle commence par *Les Diables chassés de la ville d'Arezzo* (X), continue avec *L'Epreuve du feu devant le sultan d'Egypte* (XI) et *L'Extase du saint en prière* (XII) et se termine par *Le Miracle de la crèche de Greccio* (XIII): l'humilité de François ramène la paix à Arezzo et l'incite à prêcher la paix parmi les infidèles, sa force réside dans sa foi dans le Christ crucifié s'incarnant pendant la fête de Noël. Le patriarche est Joseph, qui fit la paix avec ses frères par amour de la justice.

Sur le mur encadrant l'entrée se trouvent deux épisodes, *Le Miracle de l'eau jaillissant du rocher* (XIV) et *La Prédication aux oiseaux* (XV): enflammé par l'amour du Christ, François domine les animaux et les choses inanimées. L'explication se trouve dans les épisodes de l'Ancien Testament situés au-dessus, *La Descente du Saint-Esprit* et *L'Ascension du Christ*, symbolisant l'investiture donnée par le Christ aux apôtres afin que ceux-ci perpétuent sa mission sur la terre.

Sur le mur sud, les fresques se lisent d'est en ouest. L'histoire de François est comparée à la vie du Christ illustrée dans la partie supérieure du mur, et continue à reculons pour rejoindre le Père éternel; elle ne suit pas la ligne droite de la biographie terrestre mais le dessein divin de l'histoire. La travée attenante à l'entrée est partagée en quatre épisodes: *La Mort du chevalier de Celano* (XVI), *La Prédication en présence d'Honorius III* (XVII), *L'Apparition au Chapitre d'Arles* (XVIII), et *Les Stigmates* (XIX): saint François légua à ses disciples son esprit prophétique et la vigueur de sa prédication, et il s'identifia totalement avec le Christ sur le mont Alverne.

La division en trois épisodes reprend dans la troisième travée; celle-ci comprend *La Mort et l'enterrement de François* (XX), *La Vision de frère Augustin et de l'évêque d'Assise* (XXI) et se termine par *La Vérification des stigmates* (XXII); la conformité de François avec le Christ crucifié, qu'une vision lui révéla au moment de sa mort, est confirmée par la découverte des stigmates sur sa dépouille mortelle.

La deuxième travée commence par *Sainte Claire faisant ses adieux à la dépouille mortelle du saint dans San Damiano* (XXIII), continue avec *La Canonisation de saint François* (XXIV) et se termine par *L'Apparition à saint Grégoire IX* (XXV): la sainteté de François, publiquement manifestée à sa mort, est officiellement reconnue par l'Eglise et confirmée par des miracles.

La première travée est entièrement consacrée aux miracles du saint, *La Guérison d'un dévot du saint* (XXVI), *La Confession d'une femme ressuscitée* (XXVII) et *La Libération de l'hérétique repenti* (XXVIII): la conformité de François avec le Christ l'élève au-dessus des saints confesseurs thaumaturges communs et en fait un sauveur des âmes, selon un modèle de sainteté – le *zelus animarum* – institué par l'Eglise de Rome à la fin du XIIIe siècle.

Giotto, Les Stigmates de saint François, Paris, Louvre. Ce retable, signé par Giotto et provenant de l'église San Francesco de Pise, représente dans le panneau principal le saint recevant les stigmates et dans la prédelle trois épisodes de sa vie. Les importantes analogies de composition entre la peinture sur bois du Louvre et les fresques de la "Légende de saint François" d'Assise furent interprétées par le grand historien de l'art Pietro Toesca comme la preuve irréfutable que le maître est bien l'auteur de ces dernières.

Un programme aussi fourni demanda une collaboration étroite du peintre avec les religieux chargés de contrôler la fidélité des représentations au texte de saint Bonaventure, ce qui ralentit nécessairement les temps de réalisation. L'on a compté 272 *giornate* ou surfaces d'enduit préparatoire dans le cycle, mais de récentes recherches incitent à penser que les compléments d'enduit furent plus nombreux. Le peintre fut parfois obligé de modifier des scènes déjà terminées. La première version de *La Confirmation de la règle* (VII) prévoyait un saint François debout; la *giornata* a été refaite et le saint est représenté à genoux aux pieds du trône papal.

Si l'on tient compte du fait qu'il était difficile de travailler à fresque pendant les mois d'hiver, il ne fait aucun doute qu'une aussi vaste réalisation ne demanda pas moins de deux ans. Un terme *post quem* nous est fourni par *Le Songe d'Innocent III* (VI), où ce qui reste du Latran en ruines est précédé d'une colonnade ornée de mosaïques que Nicolas IV fit construire en 1291. Un terme *ante quem* se trouve dans *François honoré par un homme simple* (I), où la tour du Palais du Capitaine apparaît telle qu'elle était avant d'être terminée en 1305. En dehors d'Assise, les compositions de la *Légende de saint François* étaient déjà connues aux artistes qui à Pérouse réalisaient les fresques de la Salle des Notaires dans le Palais des Prieurs, fresques achevées en 1299. L'on peut donc limiter dans le temps l'exécution des fresques d'Assise en observant que les traits des trois papes tels qu'ils apparaissent dans les épisodes VII, XVII et XXV – Innocent III, Honorius III et Grégoire IX – correspondent à un unique type de physionomie, en lequel l'on a reconnu un fidèle portrait de Boniface VIII, élu en décembre 1294 et qui accordait une grande attention à la divulgation de ses propres représentations. Benedetto Caetani, élu pape après la renonciation de Pietro Celestino, fit exposer des portraits de lui à Anagni, Orvieto, Bologne, Rome et Florence; ces statues lui valurent de la part de Philippe le Bel un grotesque procès posthume pour idolâtrie. En janvier 1296, Boniface VIII accorda à la tombe du saint une indulgence solennelle, valable chaque année le jour de la fête du saint et pendant les sept jours suivants, pour encourager la venue de pèlerins et augmenter les offrandes.

L'information la plus ancienne dont nous disposons sur la présence de Giotto à Assise nous est fournie par la *Compilatio Chronologica* (1312-1313) de Riccobaldo Ferrarese, lequel en célèbre les réalisations pour les églises franciscaines d'Assise, Rimini et Padoue, citant dans cette dernière ville le Palais communal et la chapelle Scrovegni, dite de l'Arena; mais Vasari est le premier auteur qui lie le nom du peintre florentin à la *Légende de saint François*, dans la seconde édition de ses *Vies* (1568): "Ayant fini ces choses – à Arezzo –, il se rendit à Assise, en Ombrie, où il avait été appelé par frère Giovanni di Muro della Marca, alors général des frères de San Francesco, et où dans l'église supérieure il peignit à fresque sous la galerie passant devant les fenêtres, des deux côtés de l'église, trente-deux épisodes de la vie et des miracles de saint François, à savoir seize par côté, chose dont il s'acquitta à merveille et qui lui apporta une immense renommée. Et en vérité cette œuvre est fort variée, non seulement dans les gestes et les attitudes de chaque personnage mais aussi dans la composition de tous les épisodes, la variété des vêtements de l'époque et les observations de la nature. Un épisode splendide entre tous est celui où un homme, apparemment assoiffé, boit penché à terre à une source, et il est représenté avec un amour si grand, si merveilleux, qu'il semble véritablement voir une personne vivante se désaltérant. L'on y voit encore bien d'autres choses dignes de considération, sur lesquelles je ne m'étendrai pas davantage. Il suffit de dire que toute cette œuvre valut à Giotto une immense renommée en raison de l'excellence des figures et des représentations pleines de vie de la nature qui témoignent de la grande connaissance qu'il avait tirée de ses observations et savait en toutes choses démontrer clairement."

Le nom de Giotto ne fait pas l'unanimité parmi les spécialistes de peinture médiévale et a rencontré et rencontre encore une forte opposition, en particulier dans les pays anglo-saxons, mais il a trouvé une confirmation

Giotto, Vierge à l'Enfant, Rome, collection particulière. Cette peinture sur bois nous aide à reconstituer le style du maître en 1297, l'année au cours de laquelle l'œuvre fut peinte pour la chapelle de l'évêque de Mende dans l'église Santa Maria sopra Minerva à Rome.

inattendue dans la récente découverte, dans une collection particulière, d'une grande *Vierge* portant le cryptogramme de Giotto; l'on y a reconnu la peinture sur bois de Giotto mentionnée par Lorenzo Ghiberti dans l'église Santa Maria sopra Minerva à Rome. Les recherches accomplies par Filippo Todini ont permis d'établir que ce tableau fut exécuté pour le dominicain Guillaume Durand, évêque de Mende, mort à Rome le 1er novembre 1296 et enseveli dans cette église dans une tombe encore *in situ*. Cette Vierge fut peinte par Giotto conformément à ses dispositions testamentaires, comme l'atteste la date 1297 cachée dans les broderies du vêtement. Le style du tableau de Rome correspond à un moment précis des fresques d'Assise, celui de l'exécution des premiers épisodes du mur sud, qui à partir de la *Mort du chevalier de Celano* (XVI) trahissent une nette préférence pour des effets naturalistes et gothiques. Et donc si Giotto se trouvait à Rome en 1297, l'on pourrait en déduire qu'à cette date sa participation à la *Légende de saint François* était achevée ou sur le point de l'être.

Une situation analogue dans la carrière du grand peintre toscan se retrouve dans le grand retable représentant *Les Stigmates de saint François*, signé "OPUS JOCTI FLORENTINI", qui se trouve au Louvre et provient de l'église San Francesco à Pise. L'épisode principal, qui constitue le plus ancien exemple de retable d'autel narratif dans l'art du Moyen Age, et les trois petites scènes de la prédelle – *Le Songe d'Innocent III, La Confirmation de la règle* et *La Prédication aux oiseaux* – reproduisent fidèlement les épisodes d'Assise. Le retable du Louvre occupe une place importante dans le parcours artistique de Giotto avant que celui-ci ne commence à travailler pour Scrovegni, et révèle son goût pour une linéarité subtile et des effets précieux qui rappellent les sculptures de Giovanni Pisano à la même époque: un moment "gothique" qui est absent des œuvres antérieures telles que la *Vierge* de l'église paroissiale de Borgo San Lorenzo ou la *Vierge en majesté* de San Giorgio alla Costa à Florence, lesquelles trahissent encore l'inspiration des sculptures d'Arnolfo di Cambio visible dans les épisodes de la vie d'Isaac.

Malgré son homogénéité programmatique, la *Légende de saint François* témoigne d'un développement stylistique, principalement dans les différences entre les architectures peintes: "des lieux privilégiés" des premiers épisodes, encore inspirés par le XIIIe siècle mais déjà mis au goût du jour avec les jeux d'espaces des épisodes de la vie d'Isaac, aux grandioses salles en perspective des épisodes centraux, en particulier l'intérieur cistercien de la *Pentecôte*, pour finir avec la "myriade de petits édicules" des derniers épisodes, à la saveur métaphysique mais précisément en cela fort proches des petits théâtres de Padoue. Dans le rendu de la figure humaine l'on assiste en outre à l'abandon progressif de la technique archaïque consistant à laisser visible le fond verdâtre de la préparation pour obtenir des effets de clair-obscur, au profit d'une palette plus lumineuse et de l'utilisation de hachures croisées qui permettent d'obtenir un effet de modelé grâce à une fusion du clair-obscur dans la couleur. C'est là la technique que dans son *Livre de l'art* Cennino Cennini décrit comme typique du grand artiste toscan.

Vers le milieu du mur sud, à partir de *L'Enterrement du saint* (XX), l'on assiste à la représentation d'une foule nombreuse dans les compositions, seulement en partie imputable au caractère même des épisodes, ainsi qu'à une tendance accrue vers un réalisme cru dans la représentation des liens terrestres et à des formes plus stylisées et allongées, que l'on a expliqué par une large intervention de l'atelier et en particulier d'artistes locaux. Le collaborateur principal se retrouve à Assise dans les fresques du transept sud de Santa Chiara et a été baptisé "Maître expressionniste de Sainte Claire". Il existe d'excellents motifs pour identifier l'auteur des fresques de Santa Chiara avec Palmerino di Guido, documenté à Assise avant mai 1299.

Giotto, François honoré par un homme simple (I). Cette fresque est un hommage à la ville natale du saint, représentée par les magistrats de la ville et les édifices du pouvoir temporel: le porche du temple romain de Minerve, la Tour du Peuple et le Palais du Capitaine portant les emblèmes d'Assise. Cet épisode fut en réalité le dernier à être peint, comme l'indique le style, identique à celui des épisodes concluant le cycle.

Giotto, *François donnant son manteau à un pauvre* (II); *La Vision du palais rempli d'armes* (III). Ces deux fresques donnèrent le coup d'envoi à la décoration de la nef supérieure. Contrairement aux fresques du mur supérieur, leur responsabilité fut confiée à Giotto seul, qui y travailla avec l'aide de nombreux collaborateurs. Ce choix entraîna un allongement des temps d'exécution et fut cause de différences sensibles entre les épisodes, peut-être en raison de la présence de mains différentes, ou encore du fait de l'évolution entre temps du langage figuratif de Giotto.

Giotto, *La Prière devant le Crucifix dans San Damiano* (IV); *Le Renoncement aux biens terrestres* (V); *Le Songe d'Innocent III* (VI). Ces fresques constituent le deuxième groupe de trois épisodes de la "Légende". Les deux derniers épisodes avaient déjà été représentés par le "Maître de Saint François" dans l'église inférieure. Dans la scène du Crucifix, Giotto accentua volontairement l'état de ruine de l'église, ensuite restaurée par saint François, et reprit l'iconographie démodée du Christ du Crucifix des miracles, vénéré comme une relique dans le chœur des religieuses de Santa Chiara.

Giotto, La Confirmation de la règle *(VII);* La Vision de François sur un char de feu *(VIII);* La Vision du trône destiné à François au ciel *(IX). En dépit de la présence d'un grand nombre d'extases et de visions, dont nous voyons ici deux des plus célèbres exemples, les fresques du cycle présentent saint François selon une dimension historique fort concrète, aux côtés de personnages de l'époque aisément reconnaissables.*

Giotto, *Les Diables chassés d'Arezzo* (X); *L'Épreuve du feu* (XI); *L'Enlèvement du saint en prière* (XII); *Le Miracle de la crèche de Greccio* (XIII). Ce sont les quatre épisodes qui occupent le mur du fond de la nef; le plus célèbre représente la ville toscane ceinte d'un haut mur, avec des maisons colorées. L'église gothique que l'on voit derrière le saint est l'ancienne cathédrale d'Arezzo, qui à l'époque de Giotto se trouvait en dehors de l'enceinte de murs.

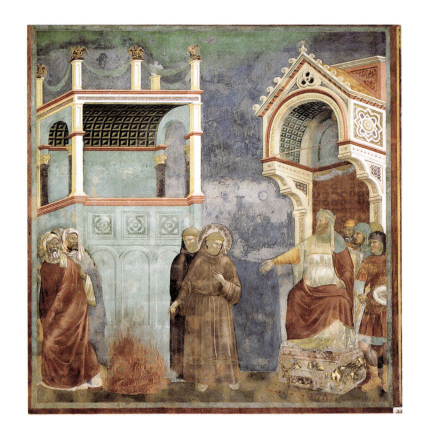

Giotto, Le Miracle de l'eau jaillissant du rocher (XIV); La Prédication aux oiseaux (XV). Ces scènes de l'intérieur de la façade comptent parmi les plus célèbres du cycle. La première se situe dans un paysage montueux, les rochers étant disposés derrière les personnages de manière à en amplifier les gestes. Le résultat est une dimension symbolique de la nature qui annonce le réalisme magique de la chapelle Scrovegni. Dans la seconde de ces scènes, François parle aux oiseaux devant un paysage lumineux. La scène est construite autour d'un espace vide, sans détails de paysage ou d'architectures, traversé par le vol des oiseaux et un horizon situé à peine au-dessus des pieds des deux moines.

Giotto, *La Mort du chevalier de Celano (XVI); La Prédication en présence d'Honorius III (XVII).* La première scène est aussi celle que les visiteurs voient d'emblée sur le mur de gauche lorsqu'ils entrent dans l'église. Cet épisode fut choisi pour exhorter les pèlerins au sacrement de la confession, conformément à l'enseignement de saint François. La scène de droite est en réalité un hommage à Boniface VIII, qui en janvier 1296 accorda une indulgence solennelle à l'église d'Assise. Le visage du pontife nous est familier en raison de l'existence de nombreux portraits sculptés.

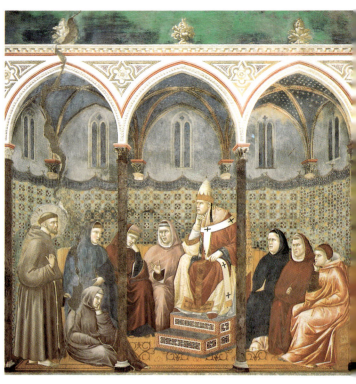

Giotto, *L'Apparition au Chapitre d'Arles* (XVIII); *Les Stigmates de saint François* (XIX). Dans la première de ces scènes, qui se déroule dans une vaste salle capitulaire donnant sur un cloître, Giotto a réussi l'une de ses meilleures représentations de profondeur spatiale.

Pour le deuxième épisode, iconographiquement assez proche de la peinture sur bois du Louvre (page 66), l'artiste s'en tient au récit de la "Legenda maior" de saint Bonaventure, selon lequel le Christ crucifié apparut au saint sous l'aspect d'un séraphin.

Giotto, La Mort et l'enterrement de François (XX); La Vision de frère Augustin et de l'évêque d'Assise (XXI); La Vérification des stigmates (XXII). Toute une travée est consacrée à la mort de saint François. Les scènes témoignent de l'explosion d'un esprit nouveau, conditionné par le grand nombre de personnages assistant à l'évènement et par une participation croissante de collaborateurs autonomes. L'élégance des figures et les formes gothiques des architectures trouvent toutefois leur pendant dans des œuvres certainement attribuables à Giotto comme la prédelle de la peinture sur bois du Louvre (page 66).

Giotto, Claire faisant ses adieux à la dépouille mortelle du saint dans San Damiano (XXIII); La Canonisation de saint François (XXIV); L'Apparition à Grégoire IX (XXV). L'arrêt du cercueil dans San Damiano pour l'ultime adieu de sainte Claire, la cérémonie de canonisation en présence de Grégoire IX et le songe de Grégoire IX sont autant de scènes qui célèbrent la reconnaissance officielle de la sainteté de François et la promotion du culte des stigmates de la part de l'Eglise de Rome.

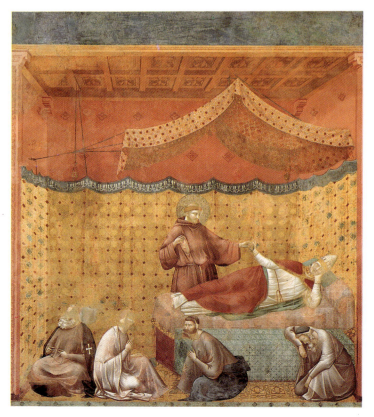

Giotto, La Guérison d'un dévot (XXVI); La Confession de la femme ressuscitée (XXVII); La Libération de l'hérétique (XXVIII). La Légende de saint François se termine sur trois miracles. Ce choix témoigne d'une conception nouvelle de la sainteté promue par l'Église à la fin du XIIIe siècle, conception qui privilégiait l'orthodoxie à l'égard des sacrements et l'engagement à sauver les âmes, par rapport à la composante thaumaturgique présente dans les premiers portraits de saint François.

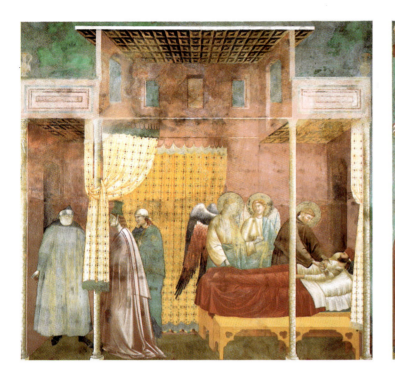

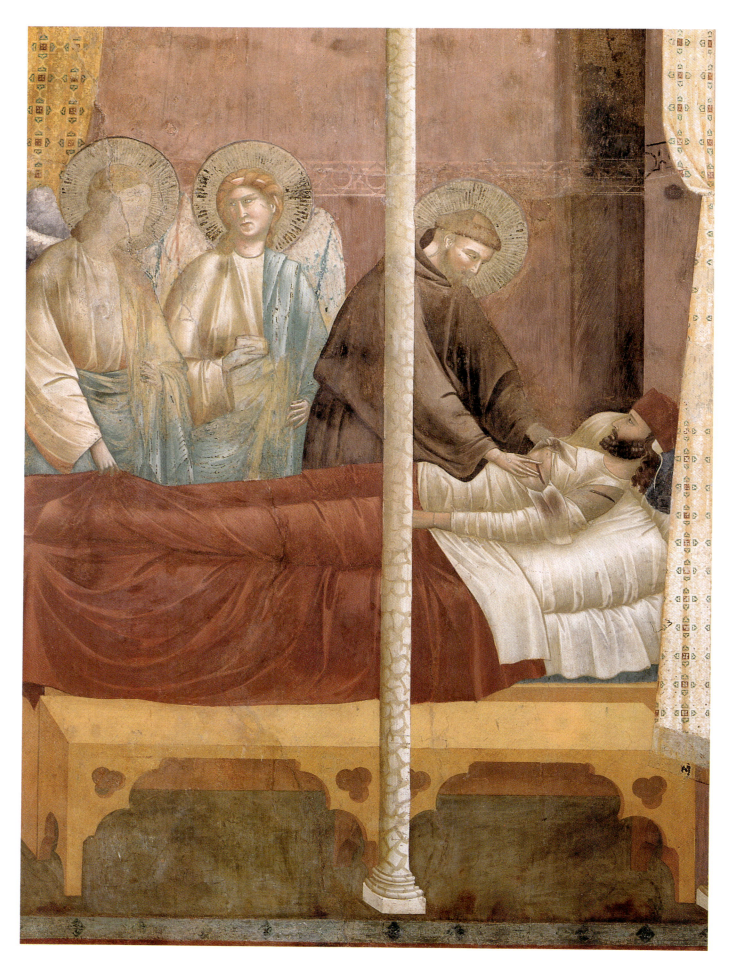

La construction des chapelles de l'église inférieure

A peine les échafaudages des peintres avaient-ils été démontés dans l'église supérieure que déjà le sous-sol résonnait des marteaux et des truelles des maçons. Nous avons déjà vu que l'église inférieure comptait une seule nef partagée en travées recouvertes de voûtes croisées, avec un transept à voûte en berceau et un vestibule d'entrée. Le chœur, dans lequel le corps du saint était enseveli sous l'autel, était séparé de la *pars plebana* par un jubé praticable, muni d'un autel sur lequel était célébrée la messe pour le peuple. L'église était éclairée par de hautes fenêtres à une seule ouverture percées au centre de chaque travée, dans la cuvette de l'abside et dans les murs du transept. Cette situation changea radicalement à cheval entre le XIIIe et le XIVe, avec la construction d'un nouveau portail géminé vers le parvis inférieur; le jubé au fond de la nef fut abattu; les extrémités du transept furent ouvertes pour faire place à deux chapelles nobiliaires; les deux fenêtres à une ouverture du mur est du transept furent bouchées; les murs septentrionaux de la nef furent ouverts pour permettre d'accéder à trois chapelles reliées au transept nord et au vestibule par des passages derrière les contreforts cylindriques; de grands arcs symétriques furent percés dans le mur sud, mais les chapelles ainsi créées eurent une forme irrégulière en raison de la présence de la sacristie et du clocher; et enfin une chapelle fut construite dans le mur du vestibule faisant face à l'entrée.

Tous ces travaux entraînèrent la destruction d'éventuels vitraux ornant les fenêtres à une ouverture et compromirent irrémédiablement une correcte interprétation des fresques des murs. Les raisons qui poussèrent à de si profonds changements sont attribuables à un courant d'idées opposées à celles qui inspirèrent le programme iconographique de l'église supérieure, basé sur l'alliance privilégiée entre la papauté et l'ordre des frères mineurs. Les nouvelles formes de vie religieuse des laïcs à la fin du Moyen Age et la demande de tombes privées à côté des tombes des nouveaux saints incitèrent les frères réunis en chapitre à Paris en 1292 à lever l'interdiction d'octroyer des sépultures dans leurs églises, triomphant de la résistance du clergé séculier, lequel craignait de perdre les importantes ressources provenant de legs testamentaires. Les conséquences ne tardèrent pas à se faire sentir, comme à Santa Croce à Florence où tout le périmètre du chœur fut doté de chapelles nobiliaires.

Une deuxième nouveauté vint de la concession de l'indulgence plénière du Pardon de la Portioncule, qui attira à Assise une foule croissante de pèlerins désireux de visiter la tombe du nouvel apôtre François. La construction d'une petite nef de service devait permettre aux pèlerins, les jours d'affluence, d'atteindre la confession contenant la relique du saint sous l'autel et de regagner la sortie en passant par les chapelles latérales. Il est probable que les trois chapelles septentrionales furent construites sur l'initiative même des religieux du Saint Couvent, qui ne se soucièrent que dans un second temps de trouver les mécènes en mesure d'assumer le coût de la décoration et des offices. La chapelle de Sainte Marie Madeleine, atte-

Page 100: Giotto, Le Miracle de la crèche de Greccio *(XIII), détail. Le détail de cette fresque de l'église inférieure de San Francesco montre un groupe de femmes au-delà du jubé qui leur interdisait autrefois d'accéder à la zone de l'autel, mais qui par la suite fut démoli.*

Giovanni di Bonino, mosaïques du portail inférieur. Cette petite représentation de saint François dans le portail de l'église inférieure est probablement due à ce mosaïste d'Assise, qui pourrait l'avoir exécutée dans la deuxième décennie du XIVe siècle.

nante au transept, fut achetée par l'évêque d'Assise, Teobaldo Pontano. Le cardinal franciscain Gentile da Montefiore (mort en 1312) fut enseveli dans celle de Saint Louis de Toulouse, à côté du vestibule, en attendant la fin des travaux de la chapelle de Saint Martin qu'il avait fait construire. La chapelle située entre les deux précédentes, consacrée à saint Antoine de Padoue, tarda à trouver acquéreur, et ce n'est que vers le milieu du XIVe siècle que la famille Lelli d'Assise y apposa ses armoiries. Et les passages d'une chapelle à l'autre furent eux aussi utilisés comme lieux de sépulture afin de répondre aux besoins de la communauté. Dans l'espace séparant les chapelles de Sainte Marie Madeleine et de Saint Antoine de Padoue, consacré au bienheureux Valentin, se trouve la tombe de frère Ugo de Hertepol, mort en 1302, ce qui nous fournit un terme *ante quem* pour la fin des travaux. La troisième nouveauté fut le développement irrésistible de la vie religieuse féminine, à vocation séculaire et pénitentielle. Angèle de Foligno, Marguerite de Cortona, Claire de Montefalco, Marguerite de Città di Castello marquèrent profondément la société de leur époque et eurent une foule de disciples parmi toutes les femmes désireuses de répondre à l'appel du Seigneur mais non de s'enfermer dans une sévère clôture. Dès la seconde moitié du XIIIe siècle les pieux legs faits par des femmes à la basilique d'Assise surpassaient en nombre ceux faits par des hommes, et c'est probablement pour consentir l'accès de la tombe du saint à un public féminin que fut abattu le jubé placé au bout de la nef. Dans l'église se réunissait une confrérie de femmes pénitentes, à laquelle en 1343 fut accordé l'usage d'une chapelle.

Pour la construction des chapelles l'on fit appel à des maîtres lapicides locaux, qui exécutèrent la décoration sculptée des chapiteaux et des autres éléments architectoniques, ornés de motifs de feuilles au milieu desquels apparaissent des visages humains. Les différences subtiles qui existent entre les ornements sont imputables à la répartition du travail entre des artistes différents, mais elles ne sont pas assez nettes pour faire supposer l'intervention d'artistes d'autres régions. Et c'est aux mêmes artistes locaux que l'on doit le monument de la famille Cerchi, dans le vestibule, et le splendide portail de l'église, exécuté dans les vingt premières années du XIVe siècle. Le *Saint François* de mosaïques placé au centre du portail, qu'autrefois l'on datait des années 1270 et que l'on attribuait au "Maître de Saint François", est inspiré par le style des fresques de Giotto dans les chapelles de l'église inférieure et pourrait constituer un témoignage de l'activité de mosaïste de Giovanni di Bonino da Assisi, documenté dans le chantier de la cathédrale d'Orvieto tant comme peintre de vitraux que comme maître mosaïste.

En dehors de San Francesco, des lapicides d'Assise travaillèrent pour l'abbaye bénédictine de San Pietro, où il reste quelques monuments funéraires du XIVe siècle, et pour la cathédrale San Rufino. En outre, les maîtres lapicides et mosaïstes d'Assise sont documentés à plusieurs reprises sur le chantier de la cathédrale d'Orvieto au début du XIVe siècle pour des travaux sur la monumentale façade.

La décoration de la chapelle de Saint Nicolas

Les chapelles de Saint Nicolas et de Saint Jean-Baptiste, aux extrémités du transept, furent construites par le cardinal Napoleone Orsini à la fin du XIIIe siècle. Jamais l'identité d'un commanditaire ne fut plus clairement exprimée! Les armoiries des Orsini se répètent 59 fois sur les murs extérieurs et intérieurs des deux chapelles, mais devaient figurer non moins de 91 fois si l'on compte les écussons perdus dont il reste la trace; et le nom et le portrait du donateur sont également gravés à plusieurs reprises sur les belles grilles de fer forgé.

Napoleone Orsini était étroitement lié à l'ordre des frères mineurs, en particulier aux membres spirituels. En 1288 Nicolas IV le nomma cardinal de Sant'Adriano, et en 1294 Célestin V lui confia la protection des pauvres ermites, un groupe de franciscains des Marches sortis de l'ordre sous la direction de Pietro da Macerata et Angelo Clareno; il connut personnellement sainte Claire de Montefalco, dont Jean XXII le chargea d'instruire le procès de canonisation, et la mystique Angèle de Foligno; de 1306 à 1308 son aumônier fut Ubertino da Casale, dont Dante parle comme du chef des spirituels.

L'occasion de la construction de la chapelle de Saint Nicolas est racontée par Jacopo Stefaneschi dans son *Opus metricum*, consacré à la vie de saint Pierre del Morrone (Célestin V). Tandis que les cardinaux étaient réunis en conclave à Pérouse pour élire le successeur de Nicolas IV (mort en 1292) – conclave qui se prolongea en vain deux ans durant –, la nouvelle leur parvint de la mort du jeune Gian Gaetano Orsini à la suite d'une banale chute de cheval. Emus par ce deuil – le frère du défunt, Napoleone, était membre du collège –, les cardinaux décidèrent d'abandonner les discussions entre factions et élurent à l'unanimité Pierre del Morrone, un ermite des Abruzzes qui le 29 août 1294 fut consacré sous le nom de Célestin V, avant de renoncer au pontificat le 13 décembre suivant. Napoleone Orsini fit alors construire une chapelle dans l'église d'Assise et y enterra la dépouille mortelle de son frère Gian Gaetano dans une tombe sous l'autel.

La chapelle est polygonale, avec un court avant-corps à voûte en berceau et une salle pentagonale à voûte dominicale, percée de trois fenêtres géminées. Le monument funéraire occupe une niche creusée au-dessus de l'autel. Deux anges indiquent le portrait gisant du défunt, allongé dans une chambre mortuaire. Les reliefs furent exécutés par un sculpteur ombrien, probablement originaire d'Assise, qui travailla au chantier de la cathédrale d'Orvieto. Au-dessus du monument est peint un triptyque en trompe-l'œil représentant *La Vierge à l'Enfant entre saint Nicolas et saint François*, ces derniers intercédant en faveur du défunt.

La décoration peinte de la chapelle est consacrée à saint Nicolas de Bari, en hommage à l'oncle du donateur, Nicolas III Orsini, qui au siècle se prénommait Gian Gaetano comme le défunt et se fit construire dans Saint-Pierre du Vatican une chapelle qui abrite sa tombe. La décoration comprend les vitraux des fenêtres – où est représenté le jeune Gian Gaetano Orsini présenté au Rédempteur par saint François en présence de son frère Napoleone, de saint Nicolas et d'autres saints –, douze scènes de la vie et des miracles de saint Nicolas peintes aux murs et dans la voûte, des bustes de saints dans les embrasures des fenêtres et des saints debout dans l'intrados donnant vers l'église. Sur le mur sud, au-dessus de l'arc d'entrée, est peinte une scène de consécration de la chapelle: le Rédempteur y reçoit l'hommage de Gian Gaetano Orsini, présenté par saint Nicolas, et de Napoleone Orsini, présenté par saint François. De récentes restaurations ont révélé que dans un premier temps le Christ était entouré de huit cardinaux agenouillés; les portraits

Page 102: Saint François et saint Nicolas présentent au Christ les donateurs, chapelle de Saint Nicolas. C'est la grande scène de consécration de la chapelle. L'on ne connaît pas l'auteur de la fresque, laquelle semble due à des mains différentes. Les portraits des deux Orsini pourraient être l'œuvre de Palmerino di Guido.

Tombe de Gian Gaetano Orsini, chapelle de Saint Nicolas. La tombe est aménagée dans une niche creusée dans l'épaisseur du mur et renfermant la statue gisante du défunt. La même composition sera reprise par Arnolfo di Cambio pour le monument funéraire de Boniface VIII dans la basilique Saint-Pierre du Vatican.

Palmerino di Guido, Saint Nicolas jette des lingots d'or à trois jeunes filles pauvres, chapelle de Saint Nicolas. Les trois épisodes de la vie de saint Nicolas représentés ici, comme ceux que l'on peut voir dans la partie supérieure de la chapelle, trahissent le style réaliste de l'école de Giotto. L'auteur pourrait en être Palmerino di Guido, qui collabora avec son maître à certains épisodes de la "Légende de saint François".

Palmerino di Guido, Saint Nicolas pardonne le consul, chapelle de Saint Nicolas.

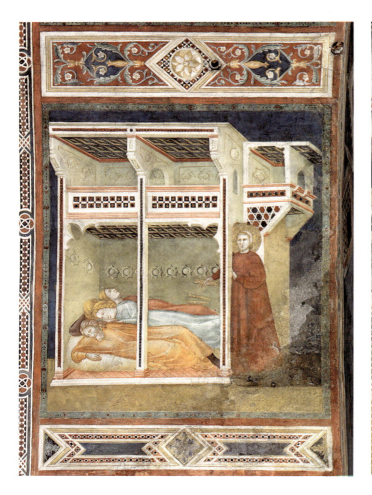

des deux Orsini furent peints sur un nouvel étalement d'enduit et les figures des cardinaux recouvertes de couleur, pour une raison qui n'est encore pas claire.

Venons-en aux auteurs des fresques: les *Episodes de la vie de saint Nicolas* reflètent l'évolution du langage artistique de Giotto dans la transition entre la *Légende de saint François* et la chapelle Scrovegni (ou de l'Arena) à Padoue, et la formation d'une harmonieuse équipe de collaborateurs capables d'interpréter librement les directives du maître. De récentes études ont avancé le nom de Giotto pour certaines zones de qualité supérieure – par ailleurs des parties secondaires – et pour le faux triptyque au-dessus du monument, qui a été confronté avec le *Polyptyque de Badia* des Offices, attribué à Giotto par Lorenzo Ghiberti. Il est possible que le puissant prélat se soit adressé à Giotto – qu'il rencontra peut-être à Rome vers 1300, alors que l'artiste exécutait pour Jacopo Stefaneschi les mosaïques de la *Navicella* (*L'Embarcation des apôtres*) dans le porche de Saint-Pierre –, et que celui-ci se soit limité à donner les grandes lignes de la réalisation et à peindre quelques bustes de saints dans les embrasures des fenêtres, les parties qui furent exécutées les premières, et peut-être les sinopias des épisodes de la vie du saint, laissant ensuite le soin de terminer l'exécution des fresques à des collaborateurs de confiance, choisis parmi ses assistants ombriens et toscans éduqués dans le goût gothique raffiné des derniers épisodes de la vie de saint François; une grande partie des fresques révèle le style incomparable du collaborateur de Giotto dans la *Légende de saint François*, identifié comme étant Palmerino di Guido.

Napoleone Orsini fut à la tête du duché de Spolète en 1300-1301, date fort probable de l'exécution des fresques; les vitraux sont légèrement antérieurs et dus à une autre main. Les travaux de décoration furent certainement terminés avant juin 1306, date à laquelle un contrat fut signé dans la chapelle.

Palmerino di Guido, Saint Nicolas sauve trois innocents de la décapitation, chapelle de Saint Nicolas.

Le renouveau du cycle de décorations de l'église inférieure

Certains fragments ornementaux de la croisée du transept, au-dessus de l'autel, et la *Vierge en majesté* de Cimabue sont tout ce qui reste de la décoration peinte du transept inférieur avant que fussent percées les chapelles et abattu le jubé (ce qui permit aux laïcs de pénétrer dans cette partie de l'église réservée aux religieux). Une fois que cette barrière eût disparu, au pèlerin qui franchissait l'entrée s'offrait le spectacle de l'autel surmonté d'une pergola, avec derrière la tribune de l'abside et la croisée des voûtes peinte d'un ciel étoilé, tout comme les voûtes de la nef décorées par le "Maître de Saint François". Après ces modifications, le visiteur put admirer *L'Apothéose de saint François*, resplendissante d'ors à la faible lueur des cierges de l'autel.

Bien qu'incomplet, le programme décoratif possède une unité; il se veut une représentation du rôle providentiel que l'ordre fondé par saint François eut dans l'histoire du salut, conformément à une interprétation spirituelle courante des prophéties de Joachim de Flore (1145-1202). Ce moine calabrais avait en effet élaboré une vision théologique et eschatologique de l'histoire du monde conçue comme l'image et le reflet du mystère de la Trinité, au-delà de la traditionnelle correspondance typologique entre l'Ancien et le Nouveau Testament due à saint Augustin.

Pour Joachim de Flore, l'histoire de l'humanité correspond à une grandiose théophanie faisant lentement jour sur le mystère de l'unité et de la trinité de Dieu. L'histoire du monde est ainsi subdivisée en trois grandes périodes dont chacune correspond à une des trois Personnes de la Trinité: "La première ère fut celle du Père, qui est le Créateur de l'Univers; la deuxième fut celle du Fils, qui s'abaissa à prendre notre corps de boue; et la troisième ère sera celle de l'Esprit Saint, dont l'Apôtre dit: Là où se trouve l'Esprit du Seigneur, là se trouve la liberté" (Joachim de Flore, *Liber Concordiae*). L'ère du Fils touche désormais à sa fin et bientôt lui succèdera l'ère de l'Esprit, qui sera annoncée par l'apparition de l'ange de l'Apocalypse, portant le signe du Dieu vivant; c'est alors que se réalisera l'époque de la parfaite charité, lorsque l'"Evangile éternel" sera prêché à tous les hommes. Cette vision fut condamnée à maintes reprises par l'Eglise mais connut une vaste diffusion parmi les franciscains. Et saint Bonaventure de Bagnoregio lui-même fut influencé par les écrits de Joachim de Flore, auquel il emprunte la figure "de l'ange s'élevant depuis l'orient et portant le signe du Dieu vivant" que l'on trouve au début de la *Legenda maior*.

La voûte surmontant l'autel-reliquaire est partagée en quatre voutains par des nervures ornées des hiérarchies des anges – l'on y voit par deux fois l'ange aux stigmates – et de symboles de l'Apocalypse. Dans la clef de voûte se trouve la vision du Messie "vêtu d'une longue robe, une ceinture d'or lui serrait la poitrine; sa tête et ses cheveux étaient blancs comme laine blanche, comme neige, et ses yeux étaient comme une flamme ardente; (...) dans sa main droite il tenait sept étoiles, et de sa bouche sortait un glaive acéré, à deux tranchants. Son visage resplendissait, tel le soleil dans tout son éclat." *Apocalypse*, I, 13-16). Dans le voutain vers l'ouest est représenté saint François, vêtu de lumière tel un nouvel Elie et montant au ciel sur un trône soutenu par un chœur d'anges en liesse, selon un modèle paléochrétien du Christ apollinien.

L'apothéose du saint s'accompagne des allégories des trois vœux monastiques symbolisant la règle; au centre de chaque voutain est répété le symbole de la vertu célébrée et sur les côtés des exemples affrontés de mise en pratique de la vertu et de réprobation du vice. Au sud l'on voit l'allégorie de l'*Obéissance*, dans une loggia où un moine ailé impose le joug à un moine agenouillé, tandis qu'à gauche un ange fait entrer un laïc et un prélat et qu'à droite un centaure fuit par orgueil; en haut est représenté saint François célébré par deux anges. Au nord, l'allégorie de la *Chasteté* est représentée par une jeune fille enfermée dans une tour d'ivoire dans laquelle s'apprête à entrer un jeune homme que purifient des anges; sur la gauche, saint François accueille un frère, une clarisse et un laïc représentant les trois branches de l'ordre, et à droite la Pénitence chasse les vices. A l'est l'on voit l'allégorie de la *Pauvreté*, à savoir le mariage mystique de François avec Dame Pauvreté, mariage célébré par le Christ en présence de groupes d'anges; à gauche, un jeune homme donne un manteau à un pauvre et à droite un noble, un frère et un prélat raillent la Pauvreté. Dans le haut, deux anges portent au ciel un vêtement pourpre et un palais.

Le programme iconographique de la croisée du transept, au-dessus de l'autel, se poursuit sur les murs du transept et de la tribune de l'abside. *L'Apothéose de saint François* était étroitement liée à la décoration de la cuvette de l'abside, que nous connaissons grâce à une description

Page 106: Giotto, Apothéose de saint François. *Ce détail montre le saint resplendissant de lumière tandis qu'il monte au ciel escorté par des anges. Ses yeux exorbités sont le symbole de l'extase paradisiaque; il tient dans ses mains la croix du Christ et le livre de la règle.*

Giotto, voûte ornée des allégories franciscaines, église inférieure. Située à la hauteur de l'autel qui abrite le corps de saint François, cette voûte est partagée en quatre voutains dont les représentations symboliques indiquent le chemin à suivre pour obtenir le salut éternel.

détaillée de frère Ludovico da Pietralunga (1570 env.). La partie supérieure de la calotte était occupée par un Crucifix ailé, sous lequel deux anges en vol couronnaient saint François, les bras écartés et le manteau ouvert; de part et d'autre du saint, des bustes de moines et de religieuses étaient disposés en files régulières. Cette scène compliquée peut être interprétée comme une représentation allégorique des stigmates de saint François; une copie partielle orne le lavabo du XVe siècle dans la sacristie de Santa Croce à Florence, où un saint François en relief montre les paumes de ses mains marquées des stigmates, sous un Christ crucifié aux ailes de séraphin. C'est également ce modèle qui a inspiré le célèbre retable exécuté par Sassetta pour l'église San Francesco de Sansepolcro. La "gloire céleste" d'Assise, inspirée par l'*Itinerarium Mentis in Deum* de saint Bonaventure, ne fut pas menée à bien et, bien qu'elle suscitât l'admiration de Lorenzo Ghiberti et de Giorgio Vasari qui l'attribuaient à Stefano Fiorentino, elle fut abattue en 1623 par Cesare Sermei pour faire place à un *Jugement dernier*. La destruction a épargné un petit fragment représentant une *tête féminine*, à présent à la Pinacothèque nationale de Budapest, qui révèle le style des peintres des voutains.

Sur les murs du transept l'on retrouve le thème de la

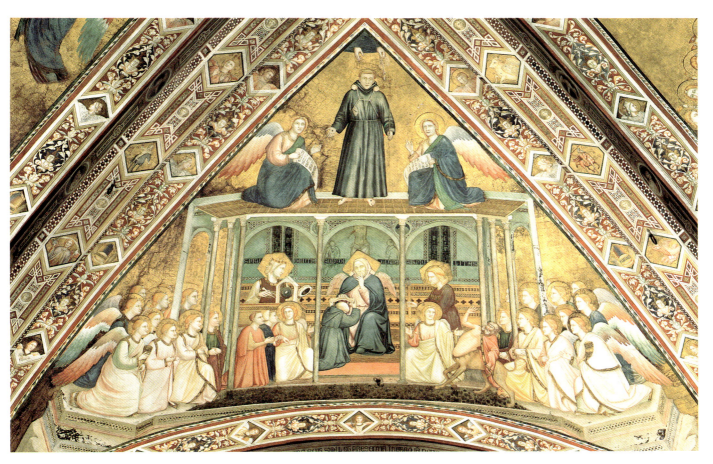

109

Page 108: Giotto, Apothéose de saint François *(en haut); Giotto,* allégorie de la Pauvreté *(en bas).*

Page 109: Giotto, allégorie de l'Obéissance *(en haut); Giotto,* allégorie de la Chasteté *(en bas).*

Giotto, allégorie de la Pauvreté, *détail. Le mariage mystique de François avec Dame Pauvreté était un thème cher à la littérature des spirituels et constituait l'une des valeurs symboles de la règle franciscaine. Dante a consacré à ces deux amants, François et la Pauvreté, tout le chant XI du "Paradis".*

nature évangélique de François. La décoration du bras septentrional est consacrée au mystère de l'Incarnation, par l'intermédiaire de l'allégorie de la *Chasteté*, symbolisée par le chrétien renaissant par le baptême. Dans la voûte sont représentés huit grands épisodes de la vie de la Vierge et de l'enfance du Christ, séparés par des bandeaux de bustes de Prophètes: *La Visitation, La Nativité, L'Adoration des Mages, La Présentation de Jésus au temple, La Fuite en Egypte, Le Massacre des Innocents, La Dispute de Jésus avec les docteurs dans le temple, Le Retour de Jésus à Nazareth.*

Au-dessus de l'entrée de la chapelle de Saint Nicolas est peinte l'*Annonciation*. En bas l'on peut voir *La Guérison miraculeuse de l'enfant de Sessa*, partagée en deux par l'arc; à gauche, la mort de l'enfant sous les décombres de sa maison, et à droite saint François le ressuscitant. Sur le mur ouest figure un deuxième miracle concernant un enfant, *La Résurrection de l'enfant tombé du balcon*, à côté d'un *Saint François montrant la mort couronnée*. Sur le mur vers l'est l'on voit une *Crucifixion* et la *Vierge en majesté* de Cimabue.

La décoration du bras méridional du transept est consacrée au mystère de la Passion, par l'intermédiaire de l'allégorie de l'*Obéissance*, évoquée par un Crucifix peint à fresque au fond de la galerie d'arcades représentée dans le voutain. Dans la voûte l'on voit six grands épisodes de la Passion du Christ, séparés par des bandes de bustes de prophètes: *L'Entrée du Christ à Jérusalem, La Cène, Le Lavement des pieds, L'Arrestation de Jésus au jardin des Oliviers, La Flagellation, La Montée au Calvaire*. Le mur vers l'est est occupé par une grandiose *Crucifixion*. Sur le mur occidental se trouvent *Le Suicide de Judas* et *Les Stig-*

Giotto, allégorie de la Chasteté, détail. L'image utilisée par l'artiste pour cette allégorie, une femme enfermée dans une tour d'ivoire et recevant la couronne et la palme de la victoire, est fréquemment évoquée dans la prédication franciscaine et inspirée par des poèmes chevaleresques à thème galant, comme le "Livre du Trésor" de Brunetto Latini.

Pages 112-113: vue du transept nord de l'église inférieure.

mates de saint François. Le mur du fond du transept est partagé verticalement par l'arc de la chapelle de Saint Jean-Baptiste et présente quatre épisodes *post mortem*, disposés dans le sens inverse de celui des aiguilles d'une montre: *La Descente aux Limbes, La Descente de croix, La Mise au tombeau* et *La Résurrection du Christ*.

Il reste à établir la raison pour laquelle le cycle ne fut pas achevé du côté de la nef. Dans la partie intérieure de l'arc donnant sur la nef sont peints neuf médaillons renfermant les bustes de bienheureux franciscains; les deux qui manquent ne furent jamais exécutés. Il n'est pas exclu que, pour des exigences de symétrie, une extension ait été également prévue pour l'allégorie de la *Pauvreté*, en remplacement des fresques fragmentaires de la nef, datant du XIIIe siècle. La question de l'*usus pauper* des biens terrestres passionna les factions opposées, d'une part les zélateurs de la primitive règle franciscaine et de l'autre les moines de la communauté, mais, lors du chapitre général de Pérouse en 1322, les deux factions s'accordèrent et proclamèrent la pauvreté du Christ et des apôtres. Pour toute réponse, Jean XXII proclama hérétique cette opinion et rendit aux moines la propriété de leurs couvents, leur ôtant la couverture du siège pontifical accordée par Nicolas III. Après ces épisodes, l'apologie de la pauvreté fut interprétée comme un défi à l'Eglise, et peut-être est-ce la raison pour laquelle la décoration de l'église inférieure ne fut pas achevée.

Giotto: les "Episodes de l'enfance du Christ" et les voutains

L'analyse technique des enduits peints a démontré que la décoration du transept fut exécutée à trois moments différents, séparés par des temps d'interruption. Chronologiquement, l'étalement de la couche d'enduit commence sur le mur vertical à l'extrémité du transept nord, depuis l'*Annonciation* jusqu'au *Miracle de l'enfant de Sessa*. Dans ces épisodes se superpose tant l'enduit de l'intrados de l'attenante chapelle de Saint Nicolas que celui de la voûte en berceau du transept, en descendant toujours du haut vers le bas et en continuant en direction des voutains et du transept de gauche. L'on peut en déduire que le projet de rénovation des murs du transept date de la même époque que la décoration de la chapelle de Saint Nicolas, vers 1300, et que le cardinal Napoleone Orsini y joua un rôle quelconque. C'est également au peintre de l'*Annonciation* que l'on doit la moitié supérieure des deux épisodes du *Miracle de l'enfant de Sessa*, y compris les quatre figures féminines à l'extrême droite de l'épisode de l'effondrement de la maison; celles-ci sont comparables au groupe de femmes que l'on voit dans *La Confession d'une femme ressuscitée* (XXVII) de la *Légende de saint François*. C'est ainsi que s'explique la raison pour laquelle cette partie de l'église fut consacrée à des miracles accomplis par le saint d'Assise sur des enfants, trait commun avec saint Nicolas de Bari, populaire protecteur de l'enfance. A ce point le cycle décoratif fut interrompu, pour recommencer au même endroit quelques années plus tard avec l'intervention d'un artiste d'un tout autre niveau. Les deux scènes du *Miracle de l'enfant de Sessa* furent achevées dans le respect d'un dessin ou d'une sinopia existant et sans modifier la forme des encadrements. Et seule l'identité du moine agenouillé en prière entre saint François et saint Antoine dans la *Crucifixion* du transept nord pourrait aider à démêler cet écheveau embrouillé. Sa présence démontre que la décision de faire décorer l'église fut surtout un problème intérieur de l'ordre, avec ou sans l'aide de riches mécènes.

A la reprise des travaux, les échafaudages des peintres furent montés sous la voûte du transept nord, puis sous la croisée des voûtes et dans la cuvette de la tribune. C'est alors qu'eut lieu la deuxième interruption, qui laissa inachevé le raccord des nervures de la croisée des voûtes, où restent visibles des traces de la décoration du XIIIe siècle, et la moitié inférieure de la tribune. L'interruption concerna aussi les murs du transept, à la hauteur des autels de Sainte Elisabeth et de la Vierge, où travaillèrent ensuite Simone Martini et Pietro Lorenzetti.

Les *Episodes de l'enfance du Christ*, dans le transept nord, constituent l'un des principaux chefs-d'œuvre de la peinture italienne de tous les temps et la célébration d'une vision de l'art dont les contemporains attribuaient la découverte au Florentin Giotto: "Il [Giotto] possédait un génie si puissant que la Nature, mère et créatrice de toute chose, ne produit rien sous les éternelles évolutions célestes qu'il ne fût capable de reproduire avec le stylet, la plume ou le pinceau: reproduction si parfaite que, pour les yeux, ce n'était plus une copie, mais le modèle lui-même. Très souvent ses œuvres ont trompé le sens visuel, et l'on a pris pour la réalité ce qui est une peinture." (Boccace, *Décaméron*, sixième journée, cinquième nouvelle). L'on retrouve une exaltation de ces caractères dans les *Episodes de l'enfance du Christ*, dans lesquels les anciens schémas iconographiques sont rénovés selon des exigences d'ordre esthétique, avec des résultats jamais vus auparavant si ce n'est dans les reliefs de la même époque pour la façade de la cathédrale d'Orvieto. Dans les voutains au-dessus de l'autel, la splendeur de la matière est encore mise en valeur par une abondante utilisation de l'or, dans le but de conférer une apparence d'immortalité aux symboles abstraits des trois vœux. Le caractère innovateur de l'œuvre n'échappa pas aux peintres de l'époque, et une grande partie des rares dessins du XIVe siècle qui existent sont des copies d'après ces fresques d'Assise, lesquelles ont également inspiré nombre de peintures et de miniatures de la même époque. Marino da Perugia les prit pour modèle pour les initiales d'un antiphonaire écrit et enluminé avant 1321 pour l'église San Domenico de Pérouse, qui fournit un terme *ante quem* précis pour les fresques.

La nouvelle décoration de l'église inférieure fut pour les moines d'Assise, à l'approche du premier centenaire de la mort du saint (1326), une entreprise mémorable. Et l'on ne saurait s'étonner qu'ils aient pensé à Giotto, fort apprécié parmi les frères mineurs après le succès de ses débuts avec la *Légende de saint François*; et, comme peintre officiel de l'ordre, il fut appelé à travailler un peu partout en Italie, dans les couvents de Pise, Rimini, Padoue et par la suite à Florence, Naples et Bologne. C'est grâce à la protection des frères mineurs qu'il acquit

Page 114: "Maître de Saint Nicolas", L'Annonciation, détail. Cette représentation à l'extérieur de l'arc d'entrée de la chapelle de Saint Nicolas est l'œuvre d'un artiste peu connu mais certainement d'école giottesque.

Giotto, La Mort de l'enfant de Sessa, détail. Ce détail montre la délimitation d'une "giornata", à savoir la surface d'enduit correspondant à une journée de travail, un peu au-dessus du groupe des éplorés, témoignant d'une longue interruption. Le passage entre deux artistes, dont un est Giotto lui-même, n'a cependant entraîné aucun changement dans la composition.

la réputation d'être le meilleur peintre d'Italie. Et du vivant de l'artiste le chroniqueur Riccobaldo Ferrarese (1312-1313) rapporte: "Giotto, insigne peintre florentin: la qualité de son art est attestée par les œuvres qu'il a exécutées dans les églises des frères mineurs à Assise, Rimini et Padoue, dans le Palais Public de Padoue et dans la chapelle de l'Arena de Padoue".

Puis d'un siècle plus tard, Benozzo Gozzoli, dans San Francesco à Montefalco (1452), ajouta aux portraits des premiers compagnons du saint et des franciscains illustres ceux des poètes Dante et Pétrarque et celui de Giotto. A peine deux ans après, Lorenzo Ghiberti notait dans ses *Commentaires* que Giotto "peignit dans l'église d'Assise de l'ordre des frères mineurs presque toute la partie inférieure", sans mentionner la *Légende de saint François*; de toute évidence à son époque les fresques de l'église inférieure étaient considérées comme le chef-d'œuvre de la maturité de Giotto et de surcroît le goût gothique courtois-international du sculpteur est connu.

Le récit de Ghiberti est confirmé par une heureuse découverte d'archives, qui démontre la présence de Giotto dans la petite ville d'Ombrie un peu avant le 4 janvier 1309, date à laquelle Palmerino di Guido – un peintre d'origine siennoise mais installé à Assise et dont on a déjà reconnu la main dans la *Légende de saint François* et la chapelle de Saint Nicolas – rendit à un riche marchand d'Assise un prêt de 50 livres de Cortone, prêt qu'il avait reçu conjointement avec Giotto da Bondone de Florence, absent au moment de l'acte. Le laps de temps qui sépare cet épisode de l'achèvement de la *Légende de saint François*, plus de dix ans, fait supposer que Giotto revint à Assise après le séjour à Padoue au cours duquel il travailla pour la basilique Sant'Antonio et pour Enrico Scrovegni (1303-1304). C'est de ce deuxième séjour de Giotto

Giotto, La Mort de l'enfant de Sessa *(sur cette page);* La Résurrection de l'enfant de Sessa *(page ci-contre). Ces deux scènes, placées à l'extrémité du transept nord, de part et d'autre de la chapelle de Saint Nicolas, constituent un unique épisode. La première décrit la mort d'un enfant sous les décombres de sa maison et la douleur de sa mère et de sa famille. La seconde, le miracle de la résurrection opérée par saint François.*

en Ombrie – en réalité le troisième si l'on compte son intervention dans la chapelle de Saint Nicolas – que datent tant les fresques de la chapelle de Sainte Marie Madeleine, proches des *Episodes de la vie du Christ* de la chapelle de l'Arena, que le transept nord et les voutains. Giotto y travaille à la tête d'un atelier bien organisé, qui ne compte plus des collaborateurs occasionnels dont on attend qu'ils adaptent leur style à celui de Giotto, mais des disciples, d'origine toscane et ombrienne, capables de suivre en toute liberté les directives du maître comme s'ils ne faisaient qu'un avec celui-ci; ce qui, tant dans les représentations que dans les décorations, assurait une qualité élevée et constante. Compte tenu de l'étendue des réalisations et du grand nombre de *giornate* exécutées à fresque – dans le transept sud l'on a compté 330 différentes surfaces d'enduit; le même calcul n'a pas été fait pour le transept nord et la croisée du transept –, le séjour de Giotto dura probablement plusieurs années, avant de s'interrompre brusquement. En décembre 1311, on trouve trace de lui à Florence et entre 1312 et 1313 il est à Rome – en décembre 1313 il nomme à Florence un mandataire chargé de récupérer des effets personnels à Rome –, où sur commission de Jacopo Stefaneschi il peint le polyptyque destiné au maître-autel de Saint-Pierre du Vatican. Cette œuvre, attribuée à Giotto dans la nécrologie de Stefaneschi, est stylistiquement la plus proche des voutains d'Assise, avec le polyptyque de Santa Reparata dans la cathédrale de Florence, de quelques années antérieur.

Si l'on cherche la cause probable du soudain départ de Giotto d'Assise – la poursuite du cycle dans le transept sud par le Siennois Pietro Lorenzetti exclut qu'il fut provoqué par un présumé caractère hérétique des représentations –, il me semble qu'il pourrait s'agir d'un évènement naturel qui se produisit à Assise dans le courant de l'été 1311, décrit dans une pétition envoyée par le gardien du Saint Couvent au conseil municipal le 16 juillet 1311. Le gardien priait les autorités de la ville d'avoir davantage à cœur le prestige et la dignité de l'église, considérée par tous comme le joyau de la ville, et de se préoccuper de ce que l'édifice et ses décorations ne

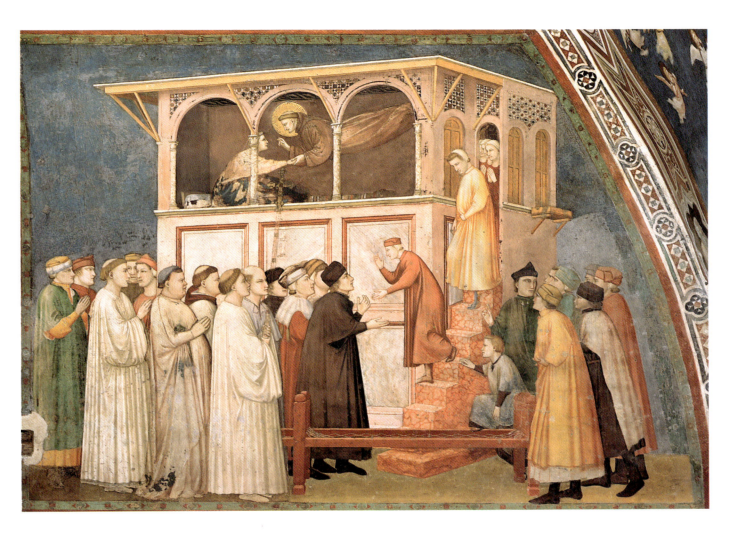

subissent pas de dommages. Au cours des violents orages des jours précédents, l'eau qui avait envahi les rues de la ville avait en effet inondé l'intérieur de l'église, y déposant des tas d'immondices, et si les moines n'avaient pas eu la présence d'esprit d'ouvrir la porte donnant sur le cloître elle aurait même submergé l'autel de Saint François. Il suggérait donc d'acheminer l'eau de pluie hors des murs de la ville plutôt que de la laisser se répandre sur la place devant l'église.

En raison de la conformation particulière de l'église inférieure, les seules peintures risquant d'être endommagées étaient celles en cours d'exécution autour de l'autel. En cas d'inondation, la forte humidité eût empêché une correcte exécution des fresques et obligé les peintres à s'arrêter pour laisser sécher les murs; curieusement, cela correspond à ce que raconte Vasari de la vie de Stefano Fiorentino, élève de Giotto et auteur présumé de la peinture inachevée de l'abside: "Stefano entreprit cette œuvre pour la faire à la perfection et il y serait parvenu, mais il fut contraint de la laisser inachevée et de retourner à Florence où l'appelaient d'importantes affaires". Dans ce cas, Giotto serait parti pour Florence et de là pour Rome, laissant l'exécution des fresques des murs inachevée plus ou moins à la même hauteur.

Un problème fort débattu par les critiques au cours des dernières années a été l'identification des collaborateurs de Giotto qui travaillèrent aux murs de l'église. L'on s'accorde sur le nom de Stefano Fiorentino, mentionné par Ghiberti et Vasari à propos de la décoration perdue de l'abside; peintre apprécié par le public de son époque en raison du naturalisme de ses personnages mais difficile à distinguer de Giotto. L'on a voulu attribuer à un anonyme "Maître des Voutains" les voutains représentant l'*Apothéose de saint François* et l'allégorie de l'*Obéissance*, ainsi que de nombreux personnages des *Episodes de l'enfance du Christ*. Les parties qui auraient été exécutées par cet artiste trahissent le même style que certains vitraux des chapelles de l'église inférieure, traditionnellement attribués au peintre et maître verrier d'Assise Giovanni di Bonino.

Giotto, La Résurrection de l'enfant de Sessa, *détail.*   Page 119: *Giotto,* La Nativité, *détail.*

Giotto, La Visitation. Ce fut la première scène réalisée dans la voûte du transept nord lorsque reprirent les travaux interrompus après l'Annonciation. Par rapport aux fresques exécutées dans la chapelle Scrovegni à Padoue, Giotto se mesure ici avec une composition plus vaste et riche de personnages.

Giotto, La Nativité. Dans cette scène, Giotto utilise des éléments iconographiques traditionnels inspirés par les Evangiles apocryphes comme la tristesse de Joseph, les sages-femmes prenant soin de l'Enfant ou l'annonce des anges aux bergers, mais il accentue le caractère narratif des épisodes.

Giotto, L'Adoration des Mages. Cette composition connut un grand succès auprès des peintres ombriens de l'époque, qui la répétèrent maintes fois. La beauté des personnages et la richesse des couleurs révèlent, comme dans le reste du cycle, l'affirmation d'une vision esthétique nouvelle, centrée sur la recherche de la beauté physique.

Giotto, La Présentation au temple. Cette scène se déroule dans le chœur d'une église gothique, soutenu par des piliers autour desquels sont disposés les différents personnages. L'on remarquera que l'épisode sacré est adapté aux exigences de l'architecture, avec des situations curieuses comme le saint Joseph à demi caché par un pilier.

Giotto, Le Massacre des innocents. Le thème est traité avec un grand réalisme. Le groupe des femmes sur la droite, pleurant sur les corps des enfants comme Marie pleura devant le corps martyrisé de son Fils, est hautement expressif.

Giotto, La Fuite en Egypte. Cette scène se situe dans un paysage serein et lumineux: une végétation clairsemée, avec un petit arbre ployant au passage de la Vierge, et le groupe sacré avançant timidement parmi les plis d'un silence magique.

Giotto, Jésus parmi les docteurs. Dans cette scène, la remarquable perspective du temple de Jérusalem reprenant certaines trouvailles de la "Légende de saint François" est, de toutes les œuvres du XIVᵉ siècle, celle qui annonce le plus clairement la perspective scientifique de la Renaissance.

Giotto, Le Retour de Jésus à Nazareth. L'attention du peintre est concentrée sur le splendide horizon de tours et de coupoles de la ville sainte – la Jérusalem de la promesse messianique –, qui donne une dimension féerique à la Sainte Famille s'éloignant.

Giotto, La Crucifixion. C'est l'une des plus belles scènes de tout le cycle. A la douleur contenue du groupe de gauche, dans lequel l'on reconnaît Jean et Marie, s'oppose l'agitation des anges volant autour de la croix. Sur la droite, derrière saint François et saint Antoine, un moine exécuté avec un grand réalisme pourrait être le ministre général de l'ordre franciscain, le ministre provincial ou même le gardien du Saint Couvent.

Pietro Lorenzetti: les "Episodes de la Passion"

La troisième phase de la décoration concerna la totalité du transept sud et vit à l'œuvre le jeune peintre siennois Pietro Lorenzetti, qui orna les murs d'une couche d'enduit peint jusqu'à la hauteur du sol, sans interruptions visibles. La partie inférieure des murs, sous les *Episodes de la Passion*, fut peinte de faux marbres, y compris les piliers cylindriques sous la croisée des voûtes. Les collaborateurs de Giotto qui travaillèrent dans le transept nord n'avaient orné de faux marbres que la portion de mur située au-dessus des marches de l'escalier; les traces de faux marbres visibles dans l'arc de soutien de l'escalier et sur le mur de gauche de la chapelle de Saint Nicolas datent de l'époque du "Maître de Saint François".

Le transept sud est plus complexe et unitaire que le transept nord. Ici, le résultat final présente des déséquilibres évidents: certaines parties ne furent pas menées à bien; en 1623 la fresque de la cuvette de l'abside fut remplacée par un *Jugement dernier*. Ailleurs sont encore visibles le mur nu, des fragments de la décoration du XIIIe siècle ou encore des représentations plus anciennes comme la *Vierge en majesté* de Cimabue; d'autres sont postérieures au départ de Giotto, comme l'autel de Sainte Elisabeth orné de fresques de Simone Martini ou les cinq compagnons de saint François peints par Pietro Lorenzetti au-dessus de l'autel de la Vierge; d'autres enfin portent des images votives datant d'époques ultérieures, comme le bienheureux franciscain que l'on peut voir près de la porte donnant sur la chapelle de Sainte Marie Madeleine. Au contraire, l'unité d'exécution du transept sud va au-delà des exigences mêmes du programme iconographique – les épisodes de la Passion – et comprend des commissions "privées" comme la *Vierge des couchers de soleil*, sur l'autel de Saint Jean l'Evangéliste, et la décoration à fresque de la chapelle de Saint Jean-Baptiste.

Ces prémisses entraînent deux corollaires. Le premier est que la décoration n'a pu être terminée après mars 1320. Le 29 septembre 1319, le gibelin Muzio di Francesco s'était emparé du gouvernement d'Assise, provoquant des réactions en chaîne qui débouchèrent sur la victoire des gibelins à Nocera et à Spolète et à la guerre contre la guelfe Pérouse. Pour faire face à de telles dépenses militaires, en octobre Muzio se fit remettre par l'évêque Teobaldo Pontano les dîmes papales du diocèse; de surcroît, le 11 mars 1320, ayant pénétré par la force dans la sacristie secrète de San Francesco, il fit main basse sur le trésor papal, transporté en ce lieu en 1312, et sur les objets précieux laissés en dépôt par de nombreux prélats de la Curie. Bien qu'il se fût engagé à tout restituer, Jean XXII, courroucé par ce vol, l'excommunia et proclama la guerre sainte contre Assise. Assiégée par l'armée de Pérouse, la ville capitula en mars 1322, ses murs furent abattus et elle dut jurer obédience à sa voisine et rivale. Pour obtenir la restitution du trésor, Jean XXII condamna Assise à l'interdit: aucun office religieux ne pourrait être célébré jusque-là et, comme la ville ne réussit à rembourser sa dette qu'en 1352, elle fut frappée d'interdit jusqu'à cette date, exception faite de quelques suspensions. Qui plus est, en 1322 les frères mineurs se trouvèrent en opposition avec le pape sur la question de la pauvreté. Pendant qu'avaient lieu tous ces évènements, Assise n'était certes pas le lieu idéal pour l'accomplissement d'importants cycles décoratifs; après, cela devint pratiquement impossible.

Un deuxième terme *ante quem* nous est donné par l'acte par lequel l'évêque Guido Tarlati, en avril 1320, charge Pietro Lorenzetti d'exécuter le grand polyptyque de l'église paroissiale d'Arezzo; et c'est cet acte qui permettra à Giovan Battista Cavalcaselle d'attribuer au peintre siennois les fresques d'Assise, pour lesquelles Giorgio Vasari

Page 130: Pietro Lorenzetti, Vierge à l'Enfant entre saint Jean-Baptiste et saint François.

Vue du transept sud, entièrement décoré par Pietro Lorenzetti d'épisodes de la Passion. L'on remarquera la plinthe du mur ornée de faux marbre.

avait avancé les noms de Giotto, Puccio Capanna ou Pietro Cavallini.

Le second corollaire est le rôle qu'eut Napoleone Orsini dans le choix du peintre. Le cardinal s'était fait construire dans San Francesco une chapelle pratiquement identique à celle de Saint Nicolas, si ce n'est un plus grand soin apporté au revêtement des murs et la forme des chapiteaux sculptés, qui révèlent une date légèrement postérieure. Et les vitraux peints portant les armoiries des Orsini sont également très différents; l'on y trouve de forts éléments byzantins qui au début du XIVe siècle n'existaient que dans les milieux artistiques vénitiens. Il est donc intéressant de signaler le document concernant une autorisation accordée en 1318 à des ouvriers de Murano pour l'exécution de fenêtres destinées aux frères mineurs d'Assise. La décoration de fresques de la chapelle n'existe plus, à l'exception du triptyque représentant la *Vierge à l'Enfant entre saint Jean-Baptiste et saint François* au-dessus de l'autel, dans lequel les deux saints se livrent à une mimique avec leurs mains en présence du prélat destiné à être enseveli dans la niche située en-dessous, reprise d'un élément existant dans la chapelle de Saint Nicolas située de l'autre côté. A la suite des dramatiques évènements de 1319-1322, Napoleone Orsini se fit aménager une nouvelle sépulture dans Saint-Pierre de Rome et demanda dans son testament à être enterré aux côtés de sa mère, ce qui fut fait lorsqu'en 1342 il mourut en Avignon. La tombe d'Assise resta donc vide. Elle abrite actuellement la relique du voile de la Vierge donnée en 1414 à l'église d'Assise par Tommaso Orsini.

En réalité, le puissant cardinal Orsini n'avait pas été tout à fait étranger à la prise de pouvoir de Muzio di Francesco, car depuis Avignon il suivait d'un œil bienveillant les soulèvements gibelins en Italie centrale, en raison de l'amitié qui le liait à leur principal instigateur, l'évêque d'Arezzo Guido Tarlati. Lors du vol du trésor papal en mars 1320, différents biens des Orsini furent soustraits, et Muzio s'engagea à les rendre; ce qu'il fit en 1323, désor-

Page 133, en haut: Pietro Lorenzetti, L'Entrée du Christ dans Jérusalem. Ce grand peintre siennois fait preuve d'une autonomie poétique par rapport à Giotto, auteur des fresques du transept opposé. Cette scène riche de détails et de figures, chacune bien caractérisée, se déroule devant un arrière-plan d'architectures hautes en couleur.

Page 133, en bas: Pietro Lorenzetti, Le Lavement des pieds. Dans cet épisode le peintre utilise avec habileté l'obstacle que constitue l'arc du mur et met en scène un épisode se déroulant sur deux niveaux. Le dialogue entre le Christ et l'apôtre insuffle la vie à tous les présents.

mais réfugié à Todi, versant au mandataire du cardinal la somme de 1.000 florins d'or à titre de dédommagement.

La preuve du rôle que joua Napoleone Orsini dans la décoration du transept sud nous est fournie par l'antériorité de la fresque de la chapelle de Saint Jean par rapport aux *Episodes de la Passion*, antériorité qui fait l'unanimité des spécialistes. Dans ce cas l'on assisterait à une situation semblable à celle du transept opposé, où l'*Annonciation* peinte sur la façade extérieure de la chapelle de Saint Nicolas constitue également le premier des *Episodes de l'enfance du Christ*. Giotto ayant quitté Assise sans même achever les peintures de la croisée du transept, les frères auraient fait appel à Pietro Lorenzetti, alors occupé à décorer la chapelle Orsini, pour lui en faire terminer la réalisation. Quand prit-il la relève? Dans les archives du Saint Couvent se trouve une série de donations effectuées par des particuliers dans les années 1316-1317, qui nous informe de travaux en cours à l'intérieur de l'église ayant peut-être trait à la décoration du transept.

L'apparition de Pietro Lorenzetti dans le chantier d'Assise fut un évènement historique d'importance, importance encore accrue par la présence, au même moment, dans l'église San Francesco, de l'autre protagoniste de la nouvelle peinture siennoise, Simone Martini. Il se produisit un fait nouveau pour l'art figuratif. Pendant des siècles, celui-ci avait été un instrument de l'Eglise, destiné à glorifier Dieu et instruire les illettrés, et il était encore tel dans la prédication en images qu'était la *Légende de saint François*. Il devint désormais une forme de compétition entre artistes, qui s'affrontèrent avec la diversité de la création. Pour paraphraser une célèbre expression du poète baroque Giambattista Marino, connu en France sous le nom de Cavalier Marin, l'on pourrait aussi dire dans le cas de Pietro Lorenzetti que "le but du peintre est d'émerveiller". Pietro conserve la division de la voûte par de larges bandes ornées d'entrelacs végétaux dans lesquels apparaissent des têtes de chérubins, mais il mêle à celles-ci des têtes félines et des visages grotesques; il s'inspire des architectures en perspective peintes par Giotto dans le transept nord, mais les anime en plaçant sur les chapiteaux des lionceaux et des angelots, comme sur la façade de la cathédrale de Sienne. Pietro Lorenzetti est fasciné par Giovanni Pisano, mais aussi par les "drôleries" des manuscrits enluminés nordiques: au-dessus de la *Flagellation* il représente une battue de chasse, dans laquelle un ange retient un chien, un autre joue du cor, un troisième tente d'atteindre le lièvre en fuite, tandis qu'un singe au bout d'une laisse s'aventure sur l'architrave. Un troisième modèle dont s'inspirent ces fresques est la richesse des émaux, malheureusement en grande partie perdue; Pietro vêt ses cavaliers d'armures d'argent bruni relevées de dorures, il couvre de broderies d'or les habits et les encadrements architecturaux. Mais son principal modèle est le spectacle des phénomènes naturels: il peint le premier ciel sillonné d'étoiles filantes et le mouvement d'un croissant de lune rythmant les heures de la Passion du Christ, il peint la première ombre portée en représentant un banc adossé au mur qui intercepte la lumière venant de la porte, réalise le premier trompe-l'œil en alignant au-dessus d'un contrevent une nature morte de burettes. Enfin, il traque les expressions mobiles du visage humain, représentant le rire et le pleur, la grimace et le hurlement, évoquant l'atmosphère poignante et passionnée des laudes dramatiques des disciplinants ombriens; la foule de cavaliers se pressant sous la croix du Christ semble avoir inspiré le contenu d'une prière de la Passion du XIVe provenant de la confrérie de Saint-Etienne à Assise.

Un problème à part est celui que constitue la *Vierge à l'Enfant entre saint François et saint Jean l'Evangéliste* placée au-dessus de l'autel consacré à cet apôtre et dont l'identité du commanditaire, un laïc représenté en prière dans la fausse prédelle, nous est inconnue. Cette œuvre est connue sous le nom de *Madone des couchers de soleil* en raison de la lumière crépusculaire qui la baigne.

Comme pendant, au-dessus de l'autel de Sainte Elisabeth dans le transept nord, Simone Martini peignit sa Vierge contre une plaque dorée et poinçonnée, inondant l'église de reflets lumineux dans la pénombre du crépuscule, en l'honneur du nom que l'on donne à Marie, *maris stella*.

133

Pietro Lorenzetti, L'Entrée du Christ dans Jérusalem, détails.

Page 136, en haut: Pietro Lorenzetti, La Cène. Cette composition atteste les racines gothiques de la culture figurative de l'artiste. Les riches architectures animées de "drôleries"; les échappées de ciel étoilé, le fantastique intérieur domestique révèlent la connaissance des manuscrits enluminés parisiens et de l'art des orfèvres.

Page 136, en bas: Pietro Lorenzetti, L'Arrestation du Christ. Cette scène dramatiquement animée et théâtrale, avec la foule surgissant des rochers sur la gauche et les apôtres sortant du côté opposé. L'on remarquera le détail charmant de la lune disparaissant au centre derrière le rocher.

Pietro Lorenzetti, La Flagellation en présence de Pilate. *L'action se déroule sous une profonde galerie revêtue de marbres précieux et ornée d'éléments figuratifs pleins de vie.*

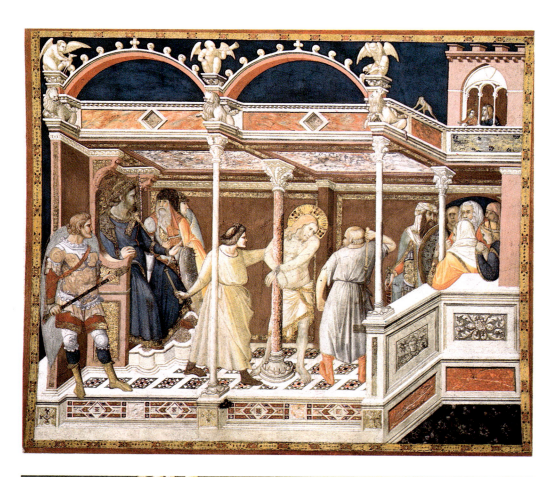

Pietro Lorenzetti, La Montée au calvaire. *Cette scène a la cadence tragique d'une procession de disciplinants, comme celles qui parcouraient les routes ombriennes le soir du Vendredi Saint, accompagnées du chant des laudes et rythmées par le claquement du fouet de la pénitence.*

Page 140: Pietro Lorenzetti, La Montée au calvaire, *détail.*

Pietro Lorenzetti, La Crucifixion. *Pour cette représentation le peintre disposait d'une vaste surface, plus du double de celle consacrée à la même scène dans le transept opposé. Il la mit à profit en flanquant la croix du Christ de celles des deux larrons et en peignant une foule de cavaliers en tenue de parade.*

Pietro Lorenzetti, La Crucifixion, *détails. L'on voit sur ces deux pages certains des plus beaux visages peints par l'artiste siennois. Cette riche galerie de caractères servit souvent de modèle à des peintres ombriens de l'époque.*

Pietro Lorenzetti, La Descente aux Enfers. C'est le premier des quatre épisodes consacrés aux évènements postérieurs à la mort du Christ. D'une conception moins originale que les fresques précédentes, il ne manque cependant pas d'élégance dans le geste des mains du Christ et d'Adam s'unissant.

Pietro Lorenzetti, La Descente de croix. C'est la scène la plus tragique de tout le cycle de la Passion. Devant un fond nu, dominé par la grande croix de bois, se déroule le drame sacré, dont il émane une forte charge émotive.

Pietro Lorenzetti, La Résurrection. *C'est une composition remarquable, car le peintre réussit à dilater le peu d'espace à sa disposition en campant une scène asymétrique. Les gardes endormis, peints en raccourcis audacieux, constitueront un précédent fort imité jusqu'à l'époque de Piero della Francesca.*

Pietro Lorenzetti, La Mise au tombeau. *Pour cette scène Lorenzetti s'inspira probablement de la célèbre Vierge en majesté peinte par Duccio di Buoninsegna pour la cathédrale de Sienne. Il en atténue cependant le caractère hiératique d'inspiration byzantine, accentuant la douleur des éplorés.*

Pietro Lorenzetti, Les Stigmates de saint François. Cette scène, peinte dans l'escalier donnant accès au couvent, était destinée à rappeler aux moines qui entraient dans le chœur la passion de François pour la mort du Christ.

Page 147: Pietro Lorenzetti, Vierge à l'Enfant entre saint François et saint Jean l'Evangéliste (en haut) et architectures en trompe-l'œil (en bas). Cette pieuse composition fut peinte pour un autel consacré à saint Jean. Dans la fausse prédelle étaient représentés les deux donateurs dont celui de gauche, probablement une femme, est à présent effacé.

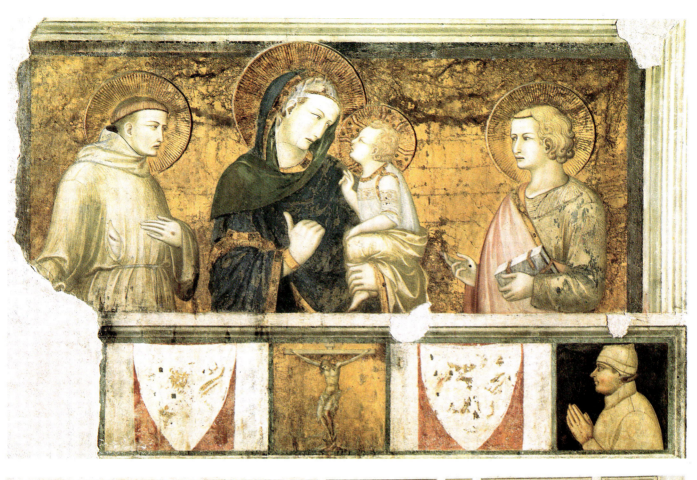
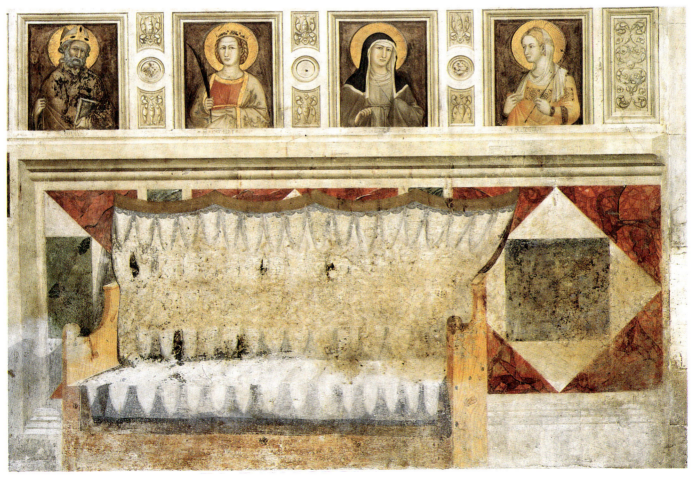

Giotto: la chapelle de Sainte Marie Madeleine

Certaines des chapelles construites à la fin du XIIIe siècle sont dédiées à des saints protecteurs déjà vénérés dans l'église sur des autels plus anciens. C'est le cas de l'archevêque de Cracovie saint Stanislas, canonisé en septembre 1253 à Assise par Innocent IV, auquel un autel fut immédiatement consacré à l'emplacement de l'actuelle tribune des chanteurs.
Mentionnons les vitraux peints qui, lorsque les grilles étaient fermées, constituaient les seules parties visibles à l'intérieur des chapelles; la présence des armoiries dans les vitraux permettait alors d'identifier le propriétaire de la chapelle. C'est le cas des deux chapelles Orsini dans le transept et de celle de Saint Louis, portant les armoiries de Gentile da Montefiore; les vitraux de la chapelle de Saint Martin sont dépourvus d'armoiries mais portent le portrait du cardinal Gentile. L'on peut avancer l'hypothèse, pour les vitraux des chapelles de Sainte Marie Madeleine, de Saint Antoine et de Sainte Catherine, d'une intervention – tout comme pour les vitraux de l'église supérieure – de la communauté franciscaine qui puisa dans l'obole des fidèles; un argument en faveur de cette hypothèse nous est offert par la présence de personnages uniquement féminins dans les vitraux des chapelles de Sainte Marie Madeleine et de Sainte Catherine, ainsi que par l'antériorité de celles-ci par rapport à l'attenante décoration de fresques.

La chapelle de Sainte Marie Madeleine fut achetée par le frère mineur Teobaldo Pontano, évêque d'Assise de 1296 jusqu'à sa mort en 1329. Une lettre du pape Jean XXII datant de juillet 1332 nous informe que Teobaldo avait dépensé pour la chapelle la somme de six cents florins d'or et qu'il l'avait dotée des parements nécessaires au culte. Les armoiries du commanditaire – un pont à trois arches – se répètent à plusieurs reprises sur les murs, et lui-même est représenté par deux fois: en tenue d'évêque aux pieds de saint Rufin, protecteur d'Assise, et en robe de bure des franciscains aux pieds de Marie Madeleine.
La chapelle est à plan carré, elle est surmontée d'une voûte croisée et éclairée par une grande fenêtre qui occupe presqu'entièrement le mur du fond; elle est reliée par deux passages à la chapelle de Saint Antoine de Padoue et au transept. Le défunt est enseveli sous le sol; dans la partie inférieure des parois sont murées de grandes dalles de pierre ornées de mosaïques, provenant du jubé qui autrefois existait dans la nef. La décoration peinte consiste en sept épisodes de la vie de Marie Madeleine. Ce cycle de fresques, le plus ancien consacré à cette sainte depuis la découverte de ses reliques à Aix-en-Provence (1279-1280), fut inspiré par la *Légende dorée* de Jacques de Voragine, où sont réunies les trois femmes mentionnées dans les Evangiles: la pécheresse qui inonda de parfums les pieds du Seigneur, la Marie de Magdala libérée des sept démons qui l'habitaient, et Marie de Béthanie, sœur de Marthe et de Lazare.
La surface des murs des côtés est partagée en deux registres par des corniches plates ornées de simples motifs géométriques. Contrairement à l'usage, le récit commence sur le registre inférieur du mur situé à l'ouest, continue sur le même niveau sur le mur opposé et se termine par les trois lunettes. Mur ouest: *Christ et Marie Madeleine dans la maison du pharisien, La Résurrection de Lazare;* dans la lunette, *Saint Maximin donne la dernière communion à Marie Madeleine.* Mur est: *Noli me tangere, Voyage de Marie Madeleine à Marseille;* dans la lunette: *Extase de Marie Madeleine.* Lunette au-dessus de l'entrée: *L'ermite Zosime donne un manteau à Marie Madeleine.* Le non-respect de la succession chronologique fut un choix de l'artiste, désireux d'éviter que Marie Madeleine, lorsqu'elle monte aux cieux, ne donne l'impression de traverser le sol des scènes situées au-dessus. Dans la partie inférieure des murs, de part et d'autre des vestibules de communication, l'on peut voir deux encadrements délimités par des colonnes torses: à l'ouest, *Saint Rufin avec le donateur* et une sainte pénitente; à l'est *Marie Madeleine avec le donateur* et le buste d'une sainte. D'autres saintes sont peintes sur le mur du fond à côté des fenêtres et dans les embrasures. Dans la voûte, quatre médaillons renferment les bustes du *Christ,* de *Marie Madeleine,* de *Lazare* et de *Marthe.* Dans l'intrados d'entrée, douze grandes disposées deux par deux.
Ces fresques sont attribuées à l'unanimité à Giotto et constituent son œuvre la plus voisine chronologiquement et stylistiquement de la chapelle Scrovegni à Padoue (1303-1304). La *Résurrection de Lazare* et le *Noli me tangere* reprennent en outre deux des compositions du cycle padouan; mais, alors que ces dernières sont comprimées dans un encadrement quadrangulaire, celles d'Assise se dilatent horizontalement, s'inscrivant mieux dans l'espace naturel. Les couleurs se font plus intenses et lumineuses, et le rendu des volumes est construit non pas par le clair-obscur mais au moyen d'ombres colorées.

Page 148: Giotto, *Le Voyage de Marie Madeleine à Marseille*, détail.

Giotto, *La Résurrection de Lazare*. Des scènes qui ornent la chapelle de Marie Madeleine, celle-ci est stylistiquement et chronologiquement la plus proche des fresques de Padoue. L'on s'accorde à reconnaître le caractère autographe de ce cycle, tandis que des doutes existent encore quant à la "Légende de saint François" et aux "Episodes de l'enfance du Christ".

Page 150: Giotto, Noli me tangere *(en haut); Le Voyage de Marie Madeleine à Marseille (en bas).*

Page 151: Giotto, L'Extase de Marie Madeleine (en haut); L'Ermite Zosime donne un manteau à Marie Madeleine (en bas)

Giotto, Noli me tangere*, détail (en haut); Le Voyage de Marie Madeleine à Marseille, détail (en bas).*

Giotto, Marie Madeleine et le donateur. Le portrait de Teobaldo Pontano, qui fut longtemps évêque d'Assise, figure par deux fois sur les murs de la chapelle: aux pieds de Marie Madeleine, vêtu du froc des frères mineurs, et aux pieds de saint Rufin, portant le manteau et la mitre d'évêque.

Simone Martini: la chapelle de Saint Martin

Les deux chapelles qui donnent sur la première travée de la nef sont caractérisées par les armoiries du cardinal franciscain Gentile da Montefiore. En 1300 Boniface VIII avait nommé celui-ci cardinal de San Silvestro e San Martino ai Monti. En 1307, Clément V l'envoya en qualité de légat du pape en Hongrie où à la mort de Ladislas IV (1290) une guerre de succession avait éclaté entre la noblesse magyare et Marie, fille de Ladislas et épouse du roi de Naples Charles II d'Anjou, laquelle revendiquait le trône pour son fils aîné, Charles. La mission de Gentile fut couronnée de succès et, grâce à son entremise, le fils de celui-ci (mort en 1295), Charles Robert d'Anjou, fut acclamé roi de Hongrie en novembre 1308. Entre temps, le deuxième fils de Charles II d'Anjou, Louis, avait exprimé le désir de devenir frère mineur, renonçant au trône de Naples. En 1296 il fut nommé évêque de Toulouse par Boniface VIII et fit ses vœux en présence du général de l'ordre, Giovanni da Muro. Il mourut en Provence l'année suivante, alors qu'il se rendait à Rome pour renoncer à la dignité épiscopale. La succession passa donc au troisième fils, Robert, qui fut couronné roi de Naples en 1309. Charles II d'Anjou intervint personnellement pour engager le procès de canonisation de son fils Louis, et ce bien que les hiérarchies de l'ordre ne fussent guère favorables aux sympathies spirituelles manifestées par le jeune homme. Le procès eut lieu en 1307, mais dix ans passèrent avant que Louis ne soit proclamé saint à la suite de l'élection d'un pape ami des Anjou, Jean XXII. Ces évènements eurent de profondes répercussions sur l'ordre des frères mineurs et sur l'église-mère d'Assise.

Sa mission terminée en Hongrie (septembre 1311), Gentile da Montefiore fut chargé par Clément V de revenir en Italie et de transférer le trésor papal en Avignon. En mars 1312, il se trouvait à Assise et déposa dans la sacristie de San Francesco une partie du trésor papal et les dons qu'il avait reçus des souverains hongrois. Le 30 mars, il versa aux moines d'Assise six cents florins d'or "pour une chapelle dans San Francesco". Ayant quitté Assise, il fut escorté jusqu'à Sienne par des troupes pérugines, et début juin il était à Lucques, où il mourut en octobre 1312. Son corps fut ramené à Assise et enseveli dans la chapelle de Saint Louis, la construction de la chapelle de Saint Martin n'étant pas terminée. Le trésor papal et ses effets personnels restèrent à Lucques, où ils furent volés par le gibelin Uguccione della Faggiola.

L'on ignore si Gentile da Montefiore fit également décorer la chapelle de Saint Louis: les *Episodes de la vie de saint Etienne* ne furent peints aux murs qu'en 1574 par le maniériste Dono Doni, pour une confrérie locale. Le cardinal franciscain, ou un de ses mandataires, commissionna certainement les splendides vitraux de la fenêtre, où ses armoiries sont répétées quatre fois. L'iconographie de la fenêtre est tout un programme à la gloire de la politique des Anjou; l'emblème de ceux-ci – le lis de France – sert de fond à plusieurs figures. Saint Louis de Toulouse apparaît deux fois à gauche, une fois comme un jeune laïque agenouillé aux pieds de saint François bénissant et une fois à côté du Christ bénissant, avec le vêtement d'évêque par-dessus la robe de bure franciscaine. Dans les encadrements de droite est représentée la Vierge à côté de saint Louis IX, roi de France – le grand-oncle de saint Louis, canonisé en 1297 –; le cardinal Gentile est agenouillé aux pieds de saint Antoine de Padoue. Le dessin des vitraux est dû au "Maître des Voutains", le collaborateur de Giotto dont nous avons déjà parlé à propos des fresques de la croisée du transept et qui peut être identifié comme étant Giovanni di Bonino, peintre et maître verrier originaire d'Assise.

La décoration de la chapelle de Saint Martin exalte elle aussi la politique des Anjou, au point que l'on a émis l'hypothèse d'une intervention de Robert d'Anjou dans l'exécution des dernières volontés du prélat. Dans la Pinacothèque de Capodimonte se trouve un grand retable représentant saint Louis couronné par deux anges et lui-même couronnant son frère Robert agenouillé à ses pieds, retable peint par Simone Martini pour l'église franciscaine San Lorenzo Maggiore à Naples et datant des mêmes années que les fresques de la chapelle de Saint Martin. Les lis des Anjou et les armoiries hongroises qui figurent sur le retable confirment le caractère officiel d'une œuvre destinée à calmer les polémiques provoquées par l'adhésion de saint Louis aux thèses des spirituels et par l'irrégularité présumée de l'accession de Robert d'Anjou au trône.

La chapelle de Saint Martin est un espace rectangulaire surmonté d'une voûte en berceau et se terminant par une abside hexagonale percée de trois larges fenêtres géminées ornées de splendides vitraux historiés. La partie inférieure des murs est revêtue de marqueteries de pierre d'Assise, dans lesquelles sont enchâssées les armoiries des donateurs. Les armoiries de Gentile sont répétées à

Page 154: Simone Martini, Saint Martin est adoubé chevalier par l'empereur Julien, *détail.*

Page 155: l'intérieur de la chapelle de Saint Martin, avec le parement en pierre d'Assise de la plinthe et les fines colonnes aux chapiteaux revêtus de feuilles d'or.

Simone Martini, Sainte Elisabeth de Hongrie, sainte Marguerite et saint Henri de Hongrie.

plusieurs reprises dans les embrasures des fenêtres géminées et son portrait figure par deux fois, dans le registre inférieur de la fenêtre géminée centrale, où il est agenouillé aux pieds du pape saint Martin Ier, et dans la scène de consécration à l'intérieur de la façade, où il tend la main à saint Martin évêque.

La décoration des murs est consacrée à saint Martin de Tours, le saint figurant dans le titre cardinalice de Gentile da Montefiore; peut-être fut-il aussi choisi en raison de la dévotion qu'avait pour lui saint François et en sa qualité d'apôtre des Gaules, particulièrement chère aux protecteurs politiques du donateur.

Les murs sont partagés en deux registres séparés par des encadrements géométriques, avec aux sommets des bustes d'anges. La vie du saint est narrée en dix épisodes à partir du mur situé à l'est, en commençant par le registre inférieur et en continuant par le registre supérieur: *Saint Martin partageant son manteau avec un pauvre à la porte d'Amiens*; *Le Songe du don du manteau*; *Saint Martin est adoubé chevalier par l'empereur Julien*; *Saint Martin renonce aux armes et affronte l'ennemi uniquement armé d'une croix*; *Saint Martin ressuscite un enfant à Chartres*; *Le Songe de saint Ambroise*; *Les Anges venant au secours de saint Martin*; *L'Empereur Valentinien tombe à genoux à ses pieds*; *La Mort de saint Martin*; *L'Enterrement en présence de saint Ambroise miraculeusement apparu*.

Dans les embrasures des fenêtres sont peints des bustes de saints divisés en saints laïques, évêques et moines. Dans l'intrados de l'entrée sont représentés huit saints debout: *François* et *Antoine*, *Marie Madeleine* et *Catherine*, *Claire* et *Elisabeth de Hongrie*, *Louis de Toulouse* et *Louis, roi de France*, ces derniers peints sur un fond de lis.

Ce n'est qu'en 1820 que les fresques de la chapelle ont été attribuées à Simone Martini par Sebastiano Ranghiasci, un noble de Gubbio, restaurateur dilettante et collectionneur de primitifs. Il est possible que le prélat ait fait la connaissance du peintre à Sienne pendant une étape de son voyage vers Avignon, à l'époque où Simone Martini peignait la célèbre *Vierge en majesté* du Palais public, et qu'il l'ait chargé de décorer sa chapelle. La *Vierge en majesté* fut achevée en 1315, date qui figure dans le bas de l'encadrement, mais il est probable qu'elle ait été exécutée en deux temps, comme l'attestent la ligne de démarcation nettement visible dans l'étalement de l'enduit à un tiers environ de la hauteur et les différences stylistiques entre la partie supérieure et les bustes de saints figurant dans l'encadrement avec la date. Les parties les plus anciennes trahissent encore l'influence du vieux chef de file Duccio di Buoninsegna. On les a comparées aux saints des vitraux de la chapelle d'Assise; pour ceux-ci l'on a avancé l'hypothèse d'un premier séjour à Assise de Simone Martini, occupé à dessiner les cartons des vitraux

Simone Martini, Vierge à l'Enfant entre saint Etienne et saint Ladislas. La série de saints reproduite ici fut peinte pour un autel existant autrefois dans le transept nord de l'église inférieure et consacré à sainte Elisabeth de Hongrie. Il s'agit de saints liés à la maisonnée royale de Hongrie et aux Anjou de Naples, qui entretenaient d'étroits rapports avec l'ordre franciscain et avaient donné de précieux objets et des ouvrages d'orfèvrerie à la basilique d'Assise.

– ensuite peints par Giovanni di Bonino –; les vitraux étaient habituellement exécutés avant les fresques. A Assise, Simone Martini fut profondément influencé par les *Episodes de l'enfance du Christ* de Giotto, et probablement il se rendit également à Orvieto afin d'étudier les bas-reliefs de la façade. De retour à Sienne, il déploya dans les saints de l'encadrement inférieur de la *Vierge en majesté* un naturalisme raffiné et utilisa des moyens techniques révolutionnaires pour l'époque, comme la décoration en pâte cuite des auréoles. Caractéristiques que l'on retrouve dans les fresques d'Assise, datables vers 1315.

Simone Martini devait laisser à Assise des représentations d'une rare beauté, qui restèrent longtemps inégalées. La grande habileté avec laquelle il amalgamait modèles et matériaux appartenant à des techniques différentes lui permit d'allier le macrocosme des espaces certains, mesurables, de la tradition giottesque au microcosme du minutieux travail en relief des parties dorées, où il utilisa les mêmes coins que les orfèvres, allant jusqu'à insérer dans l'enduit des matières précieuses afin d'obtenir un effet plus réaliste. Ses architectures représentent le triomphe des cathédrales gothiques d'au-delà des Alpes, miniaturisées dans l'espace artificiel d'un tableau; elles sont peuplées d'une humanité profondément typée, à laquelle sa parfaite maîtrise technique confère le souffle vibrant de la vie. Sous ses doigts la vie du saint devient une épopée chevaleresque, dans l'atmosphère féerique de la cour d'Anjou fréquentée par le cardinal Gentile. Simone s'y affirme comme le créateur d'un langage moderne qui s'imposera auprès des cours aristocratiques d'Europe et sera officiellement consacré lorsque le peintre sera appelé en Avignon. Les amateurs d'art ne sauront résister au charme de ses représentations, et l'on retrouve à plusieurs reprises parmi ses commanditaires le vieux Napoleone Orsini – déjà mécène à Assise de Giotto et de Pietro Lorenzetti –, qui se fera faire par Simone Martini un portrait admiré par Pétrarque et lui commissionnera le célèbre autel portatif orné d'épisodes de la Passion du Christ et à présent partagé entre les musées de Paris, Anvers et Berlin.

Simone Martini peignit également les saints des Anjou pour l'autel de sainte Elisabeth de Hongrie, dans le transept nord; à partir de la gauche: *Saint François, Saint Louis de Toulouse, Sainte Elisabeth de Hongrie, Sainte Marguerite, Saint Henri de Hongrie, Saint Etienne, Vierge à l'Enfant, Saint Ladislas*. L'identité de ces personnages, tous liés à la famille royale de Hongrie à l'exception bien sûr du fondateur de l'ordre des frères mineurs, indique qu'il s'agissait là d'un ex-voto pour l'heureuse conclusion de la difficile succession hongroise. Robert d'Anjou et son neveu Charles Robert, respectivement roi de Naples et roi de Hongrie, dotèrent les autels de la basilique de précieux ouvrages d'orfèvrerie et objets sacrés, mentionnés dans les anciens inventaires de la sacristie.

Simone Martini, Saint Martin avec le commanditaire agenouillé. Il s'agit de la grande scène de consécration de la chapelle, peinte sur le mur au-dessus de l'entrée. Les deux personnages se trouvent sous un édicule gothique: derrière eux court une balustrade de marbre sur laquelle est posé le chapeau rouge, symbole de la dignité cardinalice de Gentile da Montefiore.

Page 160, en haut: Simone Martini, Saint Louis, roi de France, et saint Louis de Toulouse.

Page 160, en bas: Saint Antoine de Padoue et saint François.

Simone Martini, Saint Louis, roi de France, détail. La figure du roi saint fut peinte dans un deuxième temps, par-dessus un personnage vêtu d'une longue tunique blanche de prêtre, encore visible dans le bas.

162

Page 162, en haut: Simone Martini, Sainte Marie Madeleine et sainte Catherine d'Alexandrie.

Page 162, en bas: Simone Martini, Sainte Claire et sainte Elisabeth de Hongrie.

Simone Martini, Sainte Elisabeth de Hongrie, détail.

Simone Martini, Saint Martin partageant son manteau avec un pauvre à la porte d'Amiens. La découverte de la belle sinopia de cette fresque, à présent conservée dans le Trésor du Saint Couvent, a permis de connaître la composition d'origine de la scène qui se déroulait entre les portes opposées de l'enceinte de murs de la ville.

Simone Martini, *Le Songe du manteau*. Jésus, entouré d'anges et portant le manteau reçu en don, apparaît en songe à Martin, lui révélant son incarnation dans le pauvre d'Amiens. Le détail du saint endormi est un morceau de bravoure: l'on remarquera la broderie à jour du drap et de l'oreiller et la déformation des motifs de la couverture épousant la forme du corps.

Simone Martini, Saint Martin est adoubé chevalier par l'empereur Julien. C'est l'une des plus célèbres scènes de l'art médiéval occidental. Elle incarnait les valeurs les plus hautes des idéaux chevaleresques: l'étiquette aristocratique, les vertus d'amour et de courtoisie, les plaisirs de la chasse et du bel canto, avec des matières précieuses et des formes élégantes qui nous restituent l'esprit de ces temps lointains. Cette fresque ne représente pas le Moyen Age, elle est le Moyen Age sous une forme poétique.

Page 168 : Simone Martini, Saint Martin est adoubé chevalier par l'empereur Julien, *détail.*

Simone Martini, Saint Martin renonce aux armes et affronte l'ennemi uniquement armé d'une croix. Cette scène se déroule parmi les tentes d'un camp militaire, devant un arrière-plan de collines dénudées. Le jeune chevalier est représenté alors qu'il prend congé de l'empereur, dont le profil parfait est emprunté à une médaille antique.

Simone Martini, Saint Martin renonce aux armes et affronte l'ennemi uniquement armé d'une croix, détails.

Simone Martini, Le Miracle de l'enfant ressuscité. Derrière la mère de l'enfant l'on voit une vieille femme en tenue de pénitente, dans laquelle l'on a cru voir un hommage à sainte Claire de Montefalco, une mystique ombrienne fort écoutée dans les milieux ecclésiastiques de l'époque.

Page 174: Simone Martini, Le Songe de saint Ambroise. *Autrefois connue comme "La Méditation de saint Martin", cette fresque a ensuite été correctement interprétée par les spécialistes modernes comme la prémonition que l'évêque de Milan eut de la mort du saint. L'on remarquera l'habileté avec laquelle l'artiste a rendu la perspective de l'église gothique dans laquelle se déroule la scène.*

Page 176: Simone Martini, Les Anges venant en aide à saint Martin. *Alors que le saint est en train de célébrer la messe, deux anges arrivent avec un précieux tissu dont ils lui font don pour le récompenser d'avoir fait l'aumône à un mendiant.*

Simone Martini, La Mort de saint Martin. *Autour du corps du saint évêque, couché à même la terre en signe d'humilité, se presse une petite foule. L'on remarquera la précision avec laquelle le peintre décrit l'évènement dans ses moindres détails.*

Simone Martini, *L'Enterrement de saint Martin*. La cérémonie des obsèques a le caractère grandiose d'un évènement mémorable. Le saint évêque qui célèbre le rite funèbre est saint Ambroise; l'on ignore en revanche l'identité du saint moine vêtu d'une cape rouge. Les présents constituent une extraordinaire galerie de portraits, en raison tant du réalisme de leurs traits que de la reproduction minutieuse de leurs vêtements de cérémonie. Le cycle d'Assise fait de Simone Martini l'égal des plus grands maîtres européens de l'époque.

Simone Martini, Saint Martin et l'empereur Valentinien. L'empereur est agenouillé aux pieds du saint car, après avoir refusé de recevoir celui-ci, il a été jeté à terre par une langue de feu sortie à l'improviste de son trône.

Page 183: Simone Martini et Giovanni di Bonino, vitrail de la chapelle de Saint Martin.

Le déclin d'Assise

La perte de sa liberté et son assujettissement à Pérouse, la persistance de l'interdit ecclésiastique pour la non-restitution du trésor papal dérobé par Muzio di Francesco, les frictions entre l'Eglise d'Avignon et l'ordre franciscain sur la question de la pauvreté amenèrent à Assise un état de profonde décadence, tant politique qu'économique et religieuse; en l'an 1322 la période d'euphorie qui avait suivi la construction des deux grandes églises des ordres mendiants, San Francesco et Santa Chiara, et l'agrandissement de la ville avec la construction d'une nouvelle enceinte de murs prit brusquement fin. La vie religieuse fut particulièrement frappée, avec l'excommunication papale qui ne fut levée qu'en 1352 malgré de fréquentes suspensions et l'exemption de l'église San Francesco. Pour en contourner les conséquences furent fondées non moins de treize confréries, presque toutes de flagellants, un nombre démesuré pour une petite communauté comme Assise: l'inscription à une association religieuse permettait d'accéder aux sacrements, autrement interdits, et assurait une sépulture aux défunts. Un grand nombre de tombes – nécropoles collectives de confréries ou tombes individuelles de particuliers – furent creusées dans le sol ou disposées contre les murs du petit cloître des Morts.

La conséquence la plus éclatante pour la basilique San Francesco fut que le programme iconographique de l'église inférieure demeura inachevé et que les murs de la nef et du narthex restèrent à l'état fragmentaire. La seule importante réalisation menée à bien dans l'église au cours de l'interdit fut la décoration de la chaire – mieux connue comme "tribune des chanteurs" –, aménagée dans un large arc aveugle au fond du mur sud de la nef et close par une balustrade formée des dalles provenant de l'ancien jubé.

Au fond de la lunette est peint un *Couronnement de la Vierge dans une gloire d'anges*, inachevé dans la partie inférieure; dans l'intrados l'on voit deux épisodes de la vie de saint Stanislas, évêque de Cracovie canonisé à Assise en 1253: *Saint Stanislas ressuscitant un cadavre afin qu'il témoigne de son innocence* et le *Martyre du saint*; au-dessus du petit autel, une *Crucifixion*. Les armoiries répétées dans les bandes délimitant les épisodes sont celles de la famille Soldani d'Assise. Le membre le plus important de cette famille fut un Jolo Soldani qui à sa mort en 1337 laissa différents legs à des confréries d'Assise et se fit enterrer dans l'église Saint-

Pierre. Jolo eut un fils moine, Giovanni, qui fut le gardien du Saint Couvent au cours des années 1337-1338 et que l'on peut identifier comme le commanditaire de la décoration. Tous ces éléments conduisent à dater la tribune des chanteurs vers 1337-1338, datation également confirmée par l'analyse stylistique des peintures. Ces fresques ont permis de reconstituer la personnalité artistique de Puccio Capanna, un peintre natif d'Assise dont Vasari parle comme de l'un des plus proches élèves de Giotto – formé pendant la fin de l'activité du maître dont il fut le principal héritier avec le Florentin Maso di Banco –; il fut le spécialiste de cette manière "douce et unie" qui constitua la principale innovation de la peinture italienne dans le second quart du XIVe siècle, avant les désordres qu'amena l'épidémie de peste de 1348.

Puccio Capanna est également l'auteur de la grande *Crucifixion* de la Salle capitulaire – curieusement, elle aussi est inachevée –, où aux pieds d'un Christ gigantesque sont alignés saint Louis de Toulouse, saint Paul, la Vierge Marie, saint François, sainte Claire, saint Jean l'Evangéliste, saint Pierre et saint Antoine de Padoue. C'est une œuvre extraordinaire, dont émanent une mesure classique et un élan monumental qui annoncent les futures réalisations de Piero della Francesca. Il est possible que cette deuxième fresque, généralement attribuée à la phase finale de l'activité de Puccio Capanna, emporté par la peste en 1348, ait également été commissionnée par frère Giovanni di Jolo, qui en 1344 fut à nouveau gardien du Saint Couvent.

L'apogée de la décoration du XIVe s'achève avec la chapelle de Sainte Catherine, où fut provisoirement enterré Gil Albornoz, le puissant cardinal espagnol qu'en 1353 Innocent VI envoya en Italie reconquérir les territoires pontificaux qui s'étaient rebellés lors du départ de la papauté en France. En 1362, Albornoz finança la restauration de la chapelle, projetée par l'architecte Matteo Gattaponi de Gubbio, et sa décoration peinte, payée en 1368 à Andrea de' Bartoli de Bologne. Cette même année, le cercueil du cardinal (mort en 1367) fut déposé dans un monument placé derrière l'autel; il y resta jusqu'en 1372, date à laquelle il fut transporté à Tolède, en Espagne.

La décoration pleine de vie illustre des épisodes de la vie de sainte Catherine. Les vitraux historiés remontent quant à eux à une époque antérieure, dans la deuxième décennie du XIVe, et trahissent le style caractéristique de Gio-

Page 184: Puccio Capanna, Le Couronnement de la Vierge, détail.

Tribune des chanteurs de l'église inférieure. Elle fut creusée dans le mur, ce qui entraîna la destruction d'une partie de la décoration de fresques du XIIIe siècle, et est ornée des belles dalles de marbres polychromes de l'ancien jubé. Les fresques de la niche, consacrées à saint Stanislas, sont un chef-d'œuvre de Puccio Capanna dans sa pleine maturité artistique.

vanni di Bonino d'Assise, également l'auteur des vitraux des chapelles de Saint Antoine et de Saint Louis.
Contrairement à ce que l'on croit parfois, les vitraux peints sont l'œuvre d'un seul artiste, exception faite de quelques parties datant de restaurations ultérieures. Restaurations rendues nécessaires par la fragilité même de la matière. En 1319, le gardien du Saint Couvent fit copier des extraits du Statut de la Ville d'Assise, interdisant l'utilisation d'arcs, d'arbalètes et de frondes aux environs de l'église afin d'éviter d'endommager les vitraux.

Au cours des siècles suivants, la décoration murale de l'église resta dans l'ensemble inchangée. De nombreux travaux furent effectués à l'intérieur du couvent pendant le pontificat du franciscain Sixte IV de la Rovère (1471-1484), lequel fit construire la galerie d'arcades à deux étages de la cour Renaissance et l'oratoire de Saint Bernardin, devant l'entrée de l'église inférieure. Le protyron Renaissance qui surmonte ce portail fut sculpté par Francesco di

Puccio Capanna, Le Martyre de saint Stanislas. Le martyre de l'archevêque de Cracovie se déroule à l'intérieur d'une église gothique, que l'on a cru identifier comme étant l'église supérieure d'Assise. Au fond de la nef l'on entrevoit le grand Crucifix peint par Giunta Pisano pour frère Elie.

Bartolomeo da Pietrasanta à l'époque où Francesco Sansone était ministre général (1486-1487). Ce dernier fut également le commanditaire du grand chœur de l'église supérieure, orné de marqueteries exécutées par l'atelier de Domenico Indivini de San Severino Marche (1491-1501) et représentant des saints et des bienheureux franciscains.

Pendant les années de la Contre-Réforme qui suivirent la clôture du concile de Trente (1563), alors que de nouvelles exigences liturgiques provoquaient la modernisation forcée d'édifices tels que Santa Croce à Florence et Santa Maria in Aracœli à Rome et que dans la vallée de Spolète le sanctuaire du Pardon voyait le jour sur les ruines du premier établissement franciscain de la Portioncule, un moine d'Assise chargé d'accompagner les visiteurs de l'église, Ludovico da Pietralunga, écrivit une description minutieuse des peintures "primitives", célébrant les racines de l'iconographie franciscaine dans les années mêmes où le cardinal Baronio s'aventurait dans les galeries des catacombes romaines pour rechercher les reliques des premiers martyrs. Cet intérêt pour la peinture médiévale fut partagé par Dono Doni, un peintre local formé à l'école du Pérugin avant d'imiter les astres de la peinture romaine, qui écrivit une description de la basilique d'Assise, malheureusement perdue, et orna les murs du cloître d'*Episodes de la vie de saint François* (1564-1570) dont beaucoup reprennent l'iconographie de modèles du XIVe siècle. Cette réalisation, en avance sur les résultats futurs des peintres toscans de la Contre-Réforme, semble accéder aux ambitions des frères mineurs conventuels, désireux de se présenter comme les héritiers légitimes du message de saint François, et ce malgré les critiques féroces dont ils avaient fait l'objet de la part du concile.

Les modifications effectuées au cours du XVIIe (un siècle généralement peu respectueux à l'égard de la peinture

Puccio Capanna, *Saint Stanislas ressuscite un mort.* Ce miracle se produit dans le cimetière du cloître d'un couvent, et la grande église que l'on voit à l'arrière-plan est la basilique San Francesco.

Puccio Capanna, Crucifixion, Salle capitulaire. Cette fresque datable vers 1344 trahit, dans la qualité des couleurs et la sobriété classique des formes, l'influence des dernières œuvres de Giotto.

médiévale) furent plutôt dictées par des exigences de manutention et de restauration des peintures qui avaient subi l'usure du temps, en raison de l'humidité du lieu; et il ne fait aucun doute que l'aspect fragmentaire des fresques de l'église inférieure et de certaines chapelles gênait plus d'un religieux. Bien que nombre de particuliers et de confréries laïques aient demandé à acheter des chapelles funéraires, proposant d'en mettre les décorations au goût du jour, les remaniements furent discrets et consistèrent en intégrations là où la surface peinte était par trop compromise. L'intervention la plus voyante eut lieu dans la cuvette de l'abside, où Cesare Sermei peignit à fresque un *Jugement dernier* (1623) à la place de la décoration inachevée datant du XIVe siècle. Et c'est encore Sermei qui décora l'arc précédant l'entrée d'une représentation de saint François montrant le texte des indulgences solennelles accordées à la basilique par les papes Sixte V et Paul V, et qui en collaboration avec Girolamo Martelli orna les murs du vestibule de fresques représentant les épisodes de la naissance du Christ et de celle de saint François (1646-1647). Les remaniements épargnèrent cependant la belle *Vierge en majesté* peinte en 1422 par Ottaviano Nelli, qui fut encadrée d'un chœur d'anges. Cesare Sermei travailla également à l'intérieur de la chapelle de Saint Antoine de Padoue, où en 1610 il peignit des épisodes de la vie du saint en remplacement des fresques endommagées par l'effondrement de la voûte. En revanche, des tableaux modernes furent exposés sur tous les autels des deux niveaux de l'église. Ces toiles furent ôtées à la fin du XIXe siècle lors du nouvel aménagement dû à Giovan Battista Cavalcaselle.

A une époque plus récente, le renouveau d'intérêt pour les premiers siècles de l'art chrétien qui suivit la diffusion du goût romantique et la naissance d'un tourisme de masse ont contribué à ramener à Assise des foules de visiteurs, pèlerins des temps modernes attirés vers la tombe de saint François par le caractère immuablement innovateur du saint et par la renommée mondiale du splendide reliquaire qui abrite sa dépouille mortelle.

Le 27 octobre 1986 a été célébrée à Assise la "Journée mondiale de la paix". Invités par Jean-Paul II, pour la première fois dans l'histoire des représentants de presque toutes les religions se sont rencontrés à Assise dans un but de prière unique: la paix entre les peuples. Et c'est le caractère universel du message franciscain qui a valu à Assise le privilège de représenter face au monde entier les sentiments positifs des différentes religions, pour la fraternité entre les peuples et le respect de la Terre.

Les restaurations de l'église

Au cours de ces deux derniers siècles, on a redécouvert le Moyen Age chrétien et on a rendu une dimension universelle à saint François. Les études sur la personnalité historique de cet homme se sont multipliées. Elles ont suscité un nouvel intérêt pour l'église qui abrite sa dépouille et qui représente, à juste titre, le plus important témoignage artistique de l'époque de Dante. Or, ce mouvement a fait naître deux exigences. La première a été de pouvoir enfin toucher les reliques du saint, car on ne croyait plus aux légendes diffusées à la fin du XIIIe siècle par Pietro di Giovanni Olivi et par Umberto da Casale concernant sa résurrection représentée sur la voûte de l'église inférieure. La seconde exigence a été celle de récupérer l'aspect d'origine de la décoration picturale médiévale, d'enlever les superfétations baroques et les retouches peu appropriées aux fresques.

Les frères du couvent eux-mêmes ont éprouvé la première exigence, puisqu'ils ont creusé en secret pendant 52 nuits, puis ont annoncé, le 12 décembre 1818, qu'ils avaient découvert la tombe de saint François en plein dans la roche du mont. On décida alors d'autoriser l'exposition du grand sarcophage en pierre et l'on réalisa une crypte – la troisième église! – sous le maître-autel de la basilique inférieure. Celle-ci fut dessinée suivant la tendance néo-classique de l'époque par l'architecte Giuseppe Brizi (1822-1824) d'Assise. Un siècle plus tard, à l'occasion du VIIième centenaire de la mort de saint François, l'architecte florentin Ugo Tarchi (1925-1932) conféra à cette crypte l'aspect austère qui la distingue aujourd'hui. En outre, dans les mêmes années, il réinventa une véritable Assise "franciscaine" en faisant effectuer une série de restaurations architecturales suivant la tendance néo-romane diffusée par Camillo Boito.

La seconde exigence fut ressentie comme un problème de niveau national, car, peu après l'Unité d'Italie, on envoya à Assise Giovanbattista Cavalcaselle, le plus important historien de l'art du XIXe siècle. Il fut chargé de poursuivre la restauration des vitraux et d'enlever les ajoutes aux

Page 189 : la crypte avec la tombe de saint François.

Le tas de débris sur la pelouse devant la basilique.

Sur la pelouse, récupération des fragments appartenant aux fresques de Giotto.

fresques du Moyen Age. Toutefois, les spécialistes de la restauration de la fin du XIXe siècle ne possédaient pas encore les bases techniques et scientifiques suffisantes. Ce problème fut posé – et résolu – après la seconde guerre mondiale. La nuit du 12 au 13 juin 1952, un terrible incendie éclata dans la sacristie inférieure de Saint-François et, on envoya immédiatement sur place les techniciens de l'Institut Central pour la Restauration (I.C.R.) de Rome. Derrière une paroi de l'époque baroque, ils découvrirent une fresque du XIVe siècle. La nouvelle de l'incendie et de la découverte attira l'attention de la communauté scientifique internationale sur Assise. Cesare Brandi, célèbre historien de l'art et fondateur de l'I.C.R. prit le problème à cœur. Puis, grâce à l'intervention du ministre de l'Instruction Publique de l'époque, Giuseppe Ermini, on aboutit en 1958 à la "Loi spéciale d'Assise" devant permettre de prendre "les mesures nécessaires pour sauvegarder le caractère touristique, monumental et artistique de la ville et du territoire d'Assise". Malgré des subventions accordées au compte-gouttes, on put ouvrir une école-chantier estivale pour les élèves de l'I.C.R.. Là se formèrent les plus importants spécialistes de la restauration encore en activité de nos jours. En quelques décennies, on restaura toutes les fresques de l'église en collaboration avec les entreprises privées recommandées par la Direction Générale (Soprintendenza) de Pérouse. Ainsi qu'on l'a souligné à maintes reprises, ce fut grâce à cette synergie que l'Ombrie devint un lieu de référence indiscutable dans le secteur de la restauration du patrimoine culturel en Italie.

Malheureusement, l'Ombrie est une région à très haut risque sismique. En 1832, la nef de la basilique Santa Maria degli Angeli s'effondra. La basilique Saint-François ne put échapper à ce danger que jusqu'aux terribles tremblements de terre du 26 septembre 1997. En effet, ce jour-là, à 11.42 h., toute la voûte de la basilique supérieure céda. Trois sections de trois croisées s'écroulèrent - la première et la quatrième de la nef, plus celle qui se trouve à l'intersection avec le transept au-dessus du maître autel. Deux frères du Saint Couvent et deux techniciens de la Direction Générale périrent sous les décombres. En plus, une partie du tympan du transept sud s'effondra, la cage du clocher se lézarda fortement et l'intérieur du couvent fut, lui aussi, gravement atteint.

D'autres écroulements auraient pu se produire, mais, malgré cela, le travail de reconstruction commença immédiatement. Dès la soirée du 26, on avait dégagé la nef de tous les débris. Le lendemain, une cellule de crise fut mise en place pour protéger les voûtes qui avaient résisté. En quelques mois, on dégagea les combles qui contenaient 1.300 tonnes de plâtras et de tuiles cassées. Tous ces débris s'étaient accumulés au fil des siècles et représentaient une des causes principales de l'écroulement. Puis, on construisit un échafaudage de service et d'étançonnement des voûtes. On commença aussi la reconstruction des voûtains en utilisant des matériaux compatibles avec ceux d'origine. En même temps, on consolida les voûtes en injectant un mélange spécial de mortier entre les briques de l'extrados et de l'intrados, afin de renforcer l'ancienne chaux qui se décomposait. Enfin, on monta un carénage de poutres lamellaires en bois dans l'extrados des voûtes pour renforcer les combles, puisqu'on ne pouvait réaliser cette opération sur l'intrados à cause des fresques.

La recomposition à la main des fragments de la fresque avec saint Antoine sur base photographique.

Le visage de saint Rufin pendant la recomposition sur base de photos.

Détail du visage de saint Rufin pendant la restauration.

Les fresques de saint François et de sainte Claire pendant la phase de restauration.

Détail du visage de saint Benoît au cours de la restauration.

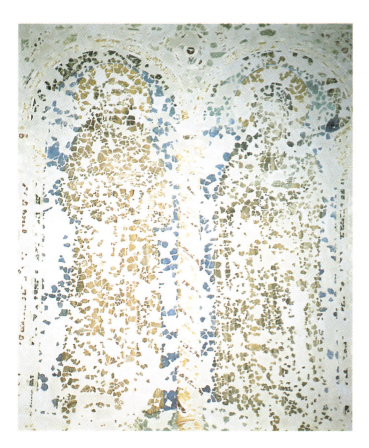

L'intervention sur la structure des murs a été réalisée grâce à la collaboration de diverses entreprises de construction avec une majorité d'ouvriers d'Ombrie. Après ce travail, l'échafaudage de service a permis de consolider et de restaurer environ 5.000 m² de superficie décorée de fresques, avec l'aide des spécialistes en restauration provenant de l'I.C.R.

Malgré l'ampleur des dégâts, on a réouvert l'église supérieure au public le 29 novembre 1999 lors d'une célébration solennelle, deux ans à peine après le séisme et en avance sur les délais prévus pour les travaux.

Dès le lendemain du tremblement de terre, on avait commencé à récupérer les fragments de fresques qui étaient tombés de la voûte. On les a d'abord rassemblés sur le pré à côté de la basilique supérieure où avaient été accumulés les débris qui avaient provoqué la mort des quatre personnes tout près de l'entrée. Des groupes de volontaires ont attentivement trié tous les débris pour retrouver les fragments de fresques qui correspondaient au voûtain représentant *Saint Jérôme* et au grand arc décoré de huit figures de *Saints*. Dans un second temps, on a aussi récupéré les restes du voûtain représentant *Saint Matthieu* et de la voûte contiguë ornée d'un ciel étoilé, restes qui se trouvaient près du transept. Dans ce cas, il a été possible de récupérer systématiquement le matériel à l'endroit même où il était tombé et les volontaires ont pu le trier immédiatement pour sauver les fragments. Ensuite, un groupe d'experts dans le domaine de la restauration et de la conservation a été chargé de classer les nombreux fragments suivant leurs thèmes et leurs couleurs, puis de recomposer les fresques à la main. Les premières fresques qui ont été recomposées et montées sur des supports spéciaux sont celles qui représentent les figures de *Saints*. Deux d'entre eux, *Saint Rufin* et *Saint Victorin* ont déjà été remis en place sur le grand arc. L'intervention de restauration a évidemment pour but de recomposer intégralement les images picturales et ne sera achevée *in situ* que lorsque les autres figures auront été remises en place. Lorsqu'on aura reconstitué l'ensemble des fresques du grand arc, les experts s'occuperont des fragments du voûtain de *Saint Jérôme*, dont 30% sont actuellement rassemblés. Quant aux fragments du voûtain avec *Saint Matthieu*, plus petits et plus fragiles que les autres, on est en train d'expérimenter un programme informatique de classement et de recomposition virtuelle qui facilitera la recomposition manuelle.

Bibliographie essentielle

En raison de l'énorme production bibliographique existant sur la basilique de San Francesco à Assise, les publications énumérées ci-après ne constituent qu'un échantillon des études les plus récentes; pour davantage d'informations, nous renvoyons les lecteurs intéressés aux monographies et aux actes des congrès.

G. PREVITALI, *Giotto e la sua bottega*, Fratelli Fabbri Editore, Milan 1967.

DIFFÉRENTS AUTEURS, *Giotto e i giotteschi in Assisi*, CEFA, Assise 1969.

P. VENTUROLI, *Giotto*, dans "Storia dell'Arte", 1-2, 1969, pages 142-158.

DIFFÉRENTS AUTEURS, *Giotto e il suo tempo*, actes du congrès (1967), De Luca Editore, Rome 1971.

M. BOSKOVITS, *Nuovi studi su Giotto e Assisi*, dans "Paragone", 261, 1971, pages 34-56.

M. BOSKOVITS, *Giunta Pisano: una svolta nella pittura italiana del Duecento*, dans "Arte illustrata", VI, 1973, p. 339-352.

G. MARCHINI, *Le vetrate dell'Umbria*, De Luca Editore, Rome 1973.

V. MARTINELLI, *Un documento per Giotto ad Assisi*, dans "Storia dell'Arte", 19, 1973, pages 193-208.

G. RUF, *San Francesco e S. Bonaventura. Un'interpretazione storico-salvifica degli affreschi della navata nella chiesa superiore di San Francesco in Assisi alla luce della teologia di san Bonaventura*, Casa Editrice Francescana, Assise 1974.

A. TANTILLO MIGNOSI, *Osservazioni sul transetto della basilica inferiore di Assisi*, dans "Bollettino d'Arte", V, 1975, pages 129-142.

H. BELTING, *Die Oberkirche von San Francesco in Assisi. Ihre Dekoration als Aufgabe und die Genese einer neuen Wandmalerei*, Gebr. Mann Verlag, Berlin 1977.

B. ZANARDI, *Da Stefano Fiorentino a Puccio Capanna*, dans "Storia dell'Arte", 33, 1978, pages 115-127.

L. BELLOSI, *Giotto*, Scala, Florence 1979.

F. TODINI, *Una nuova traccia per Giotto ad Assisi*, dans "Storia dell'Arte", 38-40, 1980, pages 125-129.

I. HUECK, *Cimabue und das Bildprogramm der Oberkirche von San Francesco in Assisi*, dans "Mitteilungen des Kunsthistorisches Institutes in Florenz", XXV, 1981, pages 279-324.

G. RUF, *Das Grab des hl. Franziskus, Die Fresken der Unterkirche von Assisi*, Verlag Herder, Fribourg-en-Brisgau 1981.

DIFFÉRENTS AUTEURS, *Roma anno 1300. Atti del Convegno* (1980), sous la direction de M. A. Romanini, L'Erma di Bretscheimer, Rome 1982.

FRA LUDOVICO DA PIETRALUNGA, *Descrizione della basilica di San Francesco e di altri santuari di Assisi*, sous la direction de P. Scarpellini, Edizioni Canova, Trévise 1982.

S. ROMANO, *Le storie parallele di Assisi: il Maestro di San Francesco*, dans "Storia dell'Arte", XLIV, 1982, pages 63-82.

M. BOSKOVITS, *Celebrazioni dell'VIII centenario della nascita di San Francesco. Studi recenti sulla Basilica di Assisi*, dans "Arte Cristiana", LXXI, 1983, pages 203-214.

J. POESCHKE, *Der 'Franziskusmeister' und die Anfange der Ausmalung von S. Francesco in Assisi*, dans "Mitteilungen des Kunsthistorischen Institutes in Florenz", XXVII, 1983, pages 125-170.

I. HUECK, *Der Lettner der Unterkirche von San Francesco in Assisi*, dans "Mitteilungen des Kunsthistorischen Institutes in Florenz", XXVIII, 1984, pages 173-202.

M. ANDALORO, *Ancora una volta sull'Ytalia di Cimabue*, dans "Arte Medievale", 2, 1985, pages 84-177.

L. BELLOSI, *La pecora di Giotto*, Einaudi, Turin 1985.

J. POESCHKE, *Die Kirche San Francesco in Assisi und ihre Wandmalereien*, Hirmer Verlag, Munich 1985.

S. ROMANO, *Pittura ad Assisi 1260-1280. Lo stato degli studi*, dans "Arte Medievale", 2, 1985, pages 109-140.

I. HUECK, *Die Kapellen der Basilika San Francesco in Assisi: die Auftraggeber und die Franziskaner*, dans *Patronage and Public in the Trecento*, Olschki editore, Florence 1986, pages 81-104.

F. TODINI, *Pittura del Duecento e del Trecento in Umbria e il cantiere di Assisi*, dans *La pittura in Italia. Il Duecento e il Trecento*, Electa, Milan 1986, pages 375-413.

Différents Auteurs, *Simone Martini*, actes du congrès (Sienne 1985), sous la direction de L. Bellosi, Centro Di, Florence 1988.

M. Chiellini, *Cimabue*, Scala, Florence 1988.

C. Frugoni, *Pietro et Ambrogio Lorenzetti*, Scala, Florence 1988.

S. Brufani, *Eresia di un ribelle al tempo di Giovanni XXII: il caso di Muzio di Francesco d'Assisi*, "La Nuova Italia", Editrice S. Maria degli Angeli 1989.

C. Jannella, *Simone Martini*, Scala, Florence 1989.

E. Lunghi, *Una 'copia' antica dagli affreschi del Maestro di San Francesco*, dans "Paragone", 467, 1989, pages 12-20.

C. Volpe, *Pietro Lorenzetti*, sous la direction de M. Lucco, Electa, Milan 1989.

Différents Auteurs, *Basilica Patriarcale in Assisi, San Francesco. Testimonianza artistica. Messaggio evangelico*, Fabbri Editore, Milan 1991.

E. Lunghi, *Per la fortuna della Basilica di San Francesco ad Assisi: i corali domenicani della Biblioteca "Augusta" di Perugia*, dans "Bollettino della Deputazione Storia Patria per l'Umbria", LXXXVIII, 1991, pages 43-68.

E. Lunghi, *"Rubeus me fecit": scultura in Umbria alla fine del Duecento*, dans "Studi di Storia dell'Arte", 2, 1991, pages 9-32.

P. Magro, *La basilica sepolcrale di San Francesco in Assisi*, Casa Editrice Francescana, Assise 1991.

W. Schenkluhn, *San Francesco in Assisi: Ecclesia Specialis*, Wissenschaftliche Buschgesellschaft, Darmstadt 1991.

J. Wiener, *Die Bauskulptur von San Francesco in Assisi*, Dietrich-Coelde-Verlag, Werl/Westfalen 1991.

F. Todini, *Un'opera romana di Giotto*, dans "Studi di Storia dell'Arte", 3, 1992, pages 9-22.

E. Lunghi, *Puccio Capanna nella confraternita di S. Gregorio in Assisi*, dans "Arte Cristiana", 754, 1993, pages 3-14.

F. Martin, *Die Apsisverglasung der Oberkirche von S. Francesco in Assisi*, Wernersche Verlagsgesellschaft, Worms 1993.

S. Nessi, *La basilica di San Francesco in Assisi e la sua documentazione storica*, Casa Editrice Francescana, Assise 1994.

Il Gotico europeo in Italia, sous la direction de V. Pace e M. Bagnoli, Electa, Naples 1994.

S. Romano, *Roma, Assisi*, dans *Pittura murale in Italia dal tardo Duecento ai primi del Quattrocento*, sous la direction de M. Gregori, Edizioni Bolis, Bergame 1995, pages 10-45.

F. Flores D'Arcais, *Giotto*, Federico Motta Editore, Milan 1995.

E. Lunghi, *Il Crocefisso di Giunta Pisano e l'Icona del 'Maestro di San Francesco' alla Porziuncola*, Assisi 1995.

Index des artistes

Banco, Maso di, 184
Bartoli, Andrea de', 184
Bartolomeo, Francesco di, 185
Bonino, Giovanni di, 101, 117, 154, 157, 182, 185
Buoninsegna, Duccio di, 47, 48, 145, 156
Cambio, Arnolfo di, 61, 67, 103
Capanna, Puccio, 131, 184-188
Cavallini, Pietro, 131
Cimabue, 23, 26, 28-39, 41, 43, 45, 47, 57-59, 62, 64, 106, 110, 130
Doni, Dono, 154, 186
Fiorentino, Stefano, 107, 117
Francesca, Piero della, 145, 184
Gattaponi, Matteo, 184
Ghiberti, Lorenzo, 67, 104, 107, 115, 117
Giotto, 10, 12, 16, 17, 28, 31, 59, 61, 63, 64, 66-70, 74, 79, 83-85, 88, 92, 96, 101, 104, 107, 110, 111, 114-118, 120, 121, 124, 125, 129, 130, 132, 148, 149, 152-154, 156, 157, 184, 188
Gozzoli, Benozzo, 47, 115
Guido, Palmerino di, 67, 103-105, 115
Indivini, Domenico, 47, 186
Lorenzetti, Pietro, 45, 48, 114, 116, 130-132, 134, 137-139, 141, 142, 144-146, 157

Maître de l'Arrestation du Christ, 57, 59
Maître des Crucifix bleus, 18, 19, 21
Maître expressionniste de Sainte Claire, 67
Maître d'Isaac, 52, 57, 58, 61
Maître d'outre-monts, 26, 27, 30
Maître de Saint François, 7, 20-22, 25, 26, 45, 57, 61, 70, 101, 106, 130
Maître de Saint Nicolas, 115
Maître du Saint Joseph de Reims, 64
Maître du Trésor, 17
Maître des Voutains, 117, 154
Mannaia, Guccio di, 48, 50, 56
Martelli, Girolamo, 188
Martini, Simone, 48, 114, 130, 132, 154, 156-158, 161, 163-165, 167, 169, 171-173, 178, 180, 182
Nelli, Ottaviano, 188
Perugia, Marino da, 114
Pisano, Giovanni, 64, 67, 132
Pisano, Giunta, 16, 19, 186
Rubeus, 47
Sassetta, 107
Sermei, Cesare, 107, 188
Torriti, Jacopo, 48, 52, 54-59
Vasari, Giorgio, 29, 58, 66, 107, 117, 130, 184